茶粥・茶飯・奈良茶碗

全国に伝播した「奈良茶」の秘密

鹿谷 勲

淡交社

茶粥のある食卓。

いろいろな茶粥。上は右から茶粥のみ・サツマイモ・里芋、下は右からハッタイ粉・餅・カキモチ。

茶粥を炊く。（奈良県吉野郡天川村沢原、『あかい奈良』編集局提供）

茶粥の用具。布と竹のチャンブクロと坪杓子。

隅田川から見る待乳山聖天。（歌川広重「東都名所真土山之図」）

蓋付き飯茶碗、いわゆる奈良茶碗のいろいろ。

東大寺二月堂茶所で特別に公開されたお水取りの茶粥の実演。炊き上がった茶粥から味噌濾しで米を掬い取るところ。掬い上げた方をゲチャ、鍋に残った茶粥がゴボ。作っているのは野村輝男さん。（本文 二〇七頁参照）

茶粥・茶飯・奈良茶碗

全国に伝播した「奈良茶」の秘密

目次

本書をお読みくださる方へ

（一）通読していただくことを希望しているが、第二章と第三章の事例部分は煩雑に感じられる方があるかもしれない。その場合は、事例部分を後に回して、第四章以降の茶粥から茶飯、奈良茶碗という流れを先にお読みいただければと思う。

（二）民俗学では土地の言葉を民俗語彙として片仮名で書くことが多い。そのため本文中、同じ言葉でも漢字と片仮名が入り交じっている場合があるがご了解いただきたい。（コラム「茶粥と片仮名」三七頁参照）

（筆者）

序章

大和の食文化

一　志賀直哉の旧宅

猛暑で身も心もぐったりした夏の終わり、思い立って奈良市高畑町《たかばたけちょう》の志賀直哉《しがなおや》旧居を見学した。高畑の一郭は春日大社《かすがたいしゃ》の神職が住まいした静かな住宅地である。小説家志賀直哉（一八八三〜一九七一）は何度も居所を変えた後、大正一四年（一九二五）四月に京都山科《やましな》から奈良市幸町《さいわいちょう》の借家に転居し、昭和四年（一九二九）四月に、和洋の様式を取り入れた家を自ら設計し、京都の数寄屋《すきや》大工に作らせた高畑の家に移り住んだ。昭和一三年四月に東京へ転居するまで、一三年間家族とともに奈良で暮らした。四三五坪の南北に長い敷地の中央に中庭を置き、その庭の周りに一三四坪分の大小の和室が設けられ、廊下で繋《つな》がっている。北側には書斎や納戸《なんど》、南東には家族の部屋、西には浴室《よくしつ》や台所などが並び、南の広い庭に面して板間の食堂と甎《せん》を敷いたサンルームが設けられている。二階に上がると春日の森とその背後の御蓋山《みかさやま》を間近に眺めることができる。奈良の景観の原点ともいえる森と山を見渡せる景色のすばらしさに驚く。この作家の住まいに対する感覚とここでの一家の暮らしを想像しながら、暑さを忘れ、不思議に心落ち着くひとときを過ごした。[*1]

志賀はここで、奈良を訪れたり住み着いたりした多くの作家や芸術家と交わり、

＊1　志賀直哉の奈良での暮らしやその旧家については、瀧井孝作『随筆集 志賀さんの生活など』新潮社・一九七四、村田平『志賀直哉と奈良―暮らしと思想―』豊住書店・一九八三や、呉谷充利 編著『志賀直哉旧居の復元』学校法人奈良学園・二〇〇九がある。

長年書き継いできた『暗夜行路《あんやこうろ》』を完成させ、豪華写真集『座右宝《ざうほう》』の編集を進めた。建物は志賀が東京に去った後、地元の事業家の手に渡った。第二次世界大戦後は占領軍に接収され、さらに厚生省の保養施設として利用されたが、建て替えで取り壊される計画が持ち上がったことで、保存運動が起こり、県内の学校法人の手によって買収され、復旧工事を経て公開された。奈良時代以来の古建築が多いという特殊な事情のせいで、いとも簡単に近代建築が消えてなくなることが多い奈良県内で、かろうじて残された珍しい事例といえるが、この旧居ばかりでなく、志賀直哉が奈良について漏らした言葉は、奈良の文化を考える際に今も有効なことが多い。その一つに昭和一三年に書かれた「奈良」という随筆がある。

二　奈良にうまい物なし

志賀はこの「奈良」で、移り住む以前は「奈良の気分は余りに完成してゐる。それからはみ出して暮らす事も何となく不愉快であらうし、溺れきつてゐる事も不愉快に違ひない」と思っていたという。奈良という古都の明確な風土を感じ取っていたことが分かるが、一三年住んで、家族を東京へ先発させてから、奈良と行き来して東京に滞在していると、「二三日すると、矢も楯も堪らず、奈良に帰りたくなる」という。そして「今の奈良は昔の都の一部分に過ぎないが、名画の残欠が美しいやうに美しい。」という有名な言葉を記している。そうした奈良への思いの一方で、現実の暮らしについては、次のようにも漏らしている。

食ひものはうまい物のない所だ。私が移つて来た五六年間は牛肉だけは大変いいのがあると思つたが、近年段々悪くなり、最近、又少しよくなつた。此所では菓子が比較的ましなのではないかと思ふ。蕨粉といふものがあり、実は馬鈴薯の粉に多少の蕨粉を入れたものだと云ふ事だが、送つてやると、大概喜ばれる。豆腐、雁擬《がんもどき》の評判もいい。私の住んでゐる近くに小さな豆腐屋があり、其所の年寄の作る豆腐が東京、大阪の豆腐好きの友達に大変評判がいい。私は豆腐を余り好かぬので分らないが、豆腐好きは、よくそれを云ふ。[*2]

*2 「奈良」『観光の大和』一九三八(のち『志賀直哉全集』七、岩波書店・一九七四)。

三　民俗食の豊かさ

「奈良にうまい物はない」とは、誰が言い出したのだろうと探ってみると、実は志賀直哉のこの文章に行き着くようだ。奈良市内の観光客向けの店での経験がこの文言を支えてきたのかも知れない。私も始めは実感としてそうだと思っていた。

庶民の食文化に縁が薄い人は、身近な範囲の食べ歩きの感覚で語るしかないだろう。現代のように外食が盛んになるまでは、外で食べること自体が例外的で、食文化は全国各地の風土とそこで暮らす人々によって育まれ、季節ごとの彩りを添えて伝えられてきたものだった。それが郷土食として珍しがられるのは、それほど古くからのことではなかった。私は、昭和五一年春から奈良県教育委員会事務局に勤務し、長らく民俗文化財の調査保存の仕事に従事してきたが、県内各地を民俗調査する傍ら、たまたま出会ったりご馳走になった食べ物は、ハレの味にせよ、ツネのものにせよ、美味で忘れられないものが多かった。

　吉野川の川原で、釣ったばかりの鮎で作ったアイゾウスイ（鮎雑炊）は、米や素麺やニラなどと鮎をそのまま大釜に放り込んで、味噌で味付けしたもので、何ともおいしいものだった。民具整理の最中にいただいた十《と》津《つ》川《かわ》村のメハリ寿司は、高菜の漬物でご飯を包んだだけのものだが、高菜とご飯のおいしさは格別だった。特に高菜の茎の部分を刻んでご飯に入れたものは、シャキシャキと歯触りがいい。同じくチシャの葉でご飯を包み、おかず味噌とともに食べるチシャナ寿司や脂気がなくさらりとしたサイレ（サンマ）寿司、シャモジで掬《すく》ってキナコを付けて食べる喉越しのよい小麦餅もある。柿の葉寿司しか知らなかった時に食べた朴《ほお》の葉寿司やデンガラ餅など、私はいくつも思い出すことができる。奈良市田原《たわら》でいただい

朴の葉弁当（奈良市田原地区）

た朴の葉弁当は、温かいご飯にキナコやジャコをのせて朴の葉で包んだ簡素なものだが、食べる時には朴の葉の香りがご飯に移って風雅な味わいだった。

　数多くの郷土食の中でも、奈良県での庶民の食べ物の代表といえば、やはり茶《ちゃ》粥《がゆ》だろうと私は思う。それまで白粥しか知らなかったが、昭和五〇年代初めに東《ひがし》吉野《よしの》村大豆生《まめお》の西上家で初めて茶粥をいただいた。

　茶粥がツネ（常、ケともいわれるがいわゆる普段）の食べ物の代表とすると、ハレの食べ物は餅だった。均一化され大量生産された食品が幅をきかせることで豊かになった現代では、餅はずいぶんその価値を下げたように感じる。高野山に近い吉野郡野迫川《のせがわ》村北今西《きたいまにし》のオコナイという正月行事では、行事の最後に粟《あわ》餅などが競《せ》り売りされる。自分たちが奉納した平たく大きな餅を、今度は競り落として、五千円や一万円で買い取るのだ。それが行事の中心となる若者たちの年間の活動資金にもなる。餅米ばかりではなく、小米《こごめ》（クズ米）を混ぜたドヤ餅の歯切れのよいおいしさを語る人は今も多い。季節ごとの年中行事に餅が搗《つ》かれ、いろいろな食べ方がされる。大豆餡のイノコ餅もなじみ深い食べ物であった。正月には味噌仕立ての雑煮《ぞうに》の餅を、椀から引き出して、砂糖を混ぜたキナコにまぶす。これは大和の特色といわれ近年「キナコ雑煮」と呼ばれるようになり、次第に話題にされるようになったが、元はそれがただの「雑煮」で、筆者もこれを口にしないと正

オコナイでの餅の競り売り（野迫川村北今西）

月が来た気がしない。

祭りや年中行事には、特殊神饌《しんせん》や食べ物が付きもので、終わった後には神人共食のナオライ（直会）やラクサク（落索）がある。その正式な酒宴の作法として、東山中《ひがしさんちゅう》（奈良県東北部の高原）などでは謡《うたい》がうたわれる中、盃《さかずき》が順次廻される。これをウタイサカモリ（謡酒盛）といい、能楽発祥の地ならではの作法が毎年繰り返されている。同じ東山中には、これから神事の準備という時に、参会した者がまず酒を軽く飲む習俗もある。これをシモケシと呼んでいるが、シモケシの酒を飲んでまず身体を清めてから神事の準備を行い、祭りを済ませるとその後、ナオライが始まる。

食文化は、大きく食料、調製、食品、食制、食具に分けて考えることができる。主食料や副食料を調理した物が食品で、その食品をどのように食するか、またその時どのような用具を用いるかと、食の文化は過程と視点からさまざまな捉え方ができる。大和の豊かな食文化は、商品化されることはほとんどなく、土地土地の食材を生かした郷土の食として生き続けてきたため、それまで話題になることはあまり多くはなかった。県内の食文化の実態については、昭和五〇年代末以降に、吉野郡の婦人たちが自らの土地の食文化を自覚的に見つめ直す動きが起こり、婦人団体が中心になって献立集がいくつも編纂されている。[*3]

大和の雑煮

＊3　『ふるさとの味 東吉野』東吉野村教育委員会・一九八四、『黒滝味とくらしのこよみ』黒滝村婦人会・一九八七、『ふる里の味を訪ねて 奈良県吉野郡川上村から』川上村教育委員会・一九八九、『生駒の食文化 生駒市文化財調査報告書第一一集』生駒市教育委員会・一九九七他。

　こうして奈良県内の民俗食・郷土食は次第に明らかになってきたが、その中心に位置しているのが、ツネの食、ソウルフードとしての茶粥である。その実態は、県内でもさまざまで、作り方すら一定していない。私は未知でありながら、なぜか懐かしいこの茶粥について、博物館に勤務するようになった二〇〇五年頃から本格的に調べ始めた。するとそこには、奈良県だけの一地域には収まりきらない、広がりと歴史的展開があることが分かってきた。茶粥は江戸では茶飯《ちゃめし》となって流行し、これが日本の外食産業の始まりとされている。またその流行から「奈良茶《ならちゃ》碗《わん》」と呼ばれる蓋《ふた》付き飯茶碗も生まれている。その過程をできる限り追いかけてみたい。[*4]

＊4　『聞き書き 奈良の食事 日本の食生活全集㉙』農山漁村文化協会（農文協）・一九九二、田中敏子『大和の味』奈良新聞社・一九八八（改訂版・二〇〇二）他。

第一章

ソウルフードとしての茶粥

一　ドラマの茶粥と食通谷崎

茶粥でチャ・チャ・チャ

『幕末グルメ ブシメシ!』(二〇一七年放送)というドラマがNHKであった。「一話完結ほのぼの時代劇」という八話連続の第一回が「茶粥でチャ・チャ・チャ」だった。私としては見ないわけにはいかない。軽快なタイトルだが、一九九〇年に『茶茶茶』(南廣子著・淡交社)という、茶の歴史から種類、茶の利用にいたるコンパクトで幅広い内容の書籍が刊行されているので、この本がタイトルのヒントになったのだろうか。時代は幕末の江戸、食べ物をテーマとしたコミカルな時代劇で、江戸勤務になった紀伊の高野藩(もちろん実在しない)衣紋方の若い侍に瀬戸康史が扮している。その侍は家族と離れて、すでにホームシック状態。お腹を壊したという殿様(草刈正雄)のために、妻の作ってくれたレシピを活用して茶粥を作り、これを食べさせて喜んでもらうという筋だった。

「江戸で茶粥?」と思った。高野藩の江戸屋敷が舞台なので、和歌山なら茶粥があってもおかしくはない。しかし違和感がある。果たして藩主が茶粥を食べるだろうか。テレビはその作り方も見せていた。胡麻炒《い》りのような素焼きの道具で少量の茶を炒り、茶濾しのような道具を鍋に差し入れて茶汁を出す。ここに炒り米を入れて、さらにサツマイモを加えて米が開くまで炊く。出来上がったのは、いわゆる芋茶粥だが、鍋の中身は白っぽい色をしている。私のイメージとは違う。殿様以下が小さな木の匙《さじ》で、塗りの椀ではなく現代風の木の椀から掬って食べているのも滑稽だった。江戸時代に匙で粥を食べるとは思わなかった。禅修行の道場での食事作法を記した道元の『赴粥飯法《ふしゅくはんぽう》』には粥の食べ方として「匙を用いて以て粥を喫す」とあるが、それが普及していたとは考えにくい。それはともかくとして、茶粥が時代劇に出てくることは画期的であり、庶民レベルの食文化の知識が次第に人々に浸透してきた証拠だと思った。

茶粥について、人々はどのような思いを抱いているのか、茶粥は人々にどのように記憶されているのか。近代の文芸作品などから茶粥について書き残された作品を拾い集めて、その思いをまず辿ってみたい。

谷崎潤一郎と茶粥

志賀直哉が、奈良を「食ひものはうまい物のない所だ」と評したことはすでに紹介したが、志賀は茶粥を食べたのだろうか。春日大社の社家が古くから住んでいた高畑は、庶民の町ではなかった。もともと志賀の出自は相馬《そうま》藩の家令で、祖父は明治三〇年（一八九七）まで家政顧問を務めていた家柄である。

奈良で書いた短編に近所の人間が顔を出すことはある。昭和九年（一九三四）に文藝春秋に書いた「颱風《たいふう》」という身辺録には、風雨の中、近くの白毫寺《びゃくごうじ》村から農沢という男を呼んで、屋根を修理させることが書かれている。志賀は出入りの職人にも丁寧に応じていたというが、一方で風格がある、威厳がある人とも見られていた。食通であったといわれる志賀直哉だったが、奈良に住んでいた昭和六年の「夏の朝飯」に書かれた夏の食事の摂り方などから見ても、茶粥は登場せず、庶民の文化や食べ物に関心を抱くことはあまりなかったのではないかと思われる。

ところが同じ食通でも『吉野葛《よしのくず》』などの作品を書いた谷崎潤一郎《たにざきじゅんいちろう》（一八八六～一九六五）は茶粥を知っていたようだ。美食家で知られる谷崎は、『陰翳禮讃《いんえいらいさん》』の中で柿の葉寿司について「東京の握り鮨とは格別な味で、私などには此の方が口に合ふので、今年の夏はこればかり食べて暮らした。それにつけてもこんな塩鮭の食べかたもあつたのかと、物資に乏しい山家の人の発明に感心したが、さう云ふいろ〳〵の郷土の料理を聞いてみると、現代では都会の人より田舎の人の方の味覚の方がよつぽど確かで、ある意味でわれ〳〵の想像も及ばぬ贅沢をしてゐる。」と述べている。*1

谷崎は、関東大震災の後、居を関西に移し、後南朝《ごなんちょう》を題材とした歴史小説を構想して何度も吉野山や奥吉野へ足を運んでいた。それは『吉野葛』として昭和六

＊1　谷崎潤一郎『陰翳禮讃』（『谷崎潤一郎全集第二十巻』中央公論社・一九六八）。柿の葉寿司の魚を鮭とすることやその作り方などに疑問も残る。

年の『中央公論』一月号から二月号に掲載されたが、執筆にあたって、吉野町窪《くぼ》垣内《がいと》の紙漉《す》きを営む福西家を訪れたという。国の選定保存技術「表具用手漉和紙《ひょうぐようてすきわし》（宇陀紙《うだがみ》）製作」の保持者として認定されていた福西弘行さん（一九三〇～二〇一四）から、ある時聞いたことがある。祖父からの話として、昭和の初め頃に見慣れない男の人がやってきて、四日間紙漉き場に通い、作業をじっと見ていたという。この人が谷崎潤一郎で、どのような契機であったか、茶粥を食べさせて欲しいと言ったという。食べさせると、また次の日にも食べたいとやって来たという。もう一度食べたい味だったのか、それとも食通の谷崎にしても、一度では分からない味だったのだろうか。

二　茶粥への思い

宮武正道の「奈良茶粥」

谷崎の『吉野葛』が雑誌に出た翌年に、奈良市西御門町《にしみかどちょう》の春松園という老舗墨屋の長男宮武正道（一九一二～四四）が、「よろず叢書」の一冊として『奈良茶粥』という孔版《こうはん》刷り（謄写版刷、いわゆるガリ版刷）の小冊子を刊行している。宮武は墨屋稼業は妻に任せて、マレー語の研究者となった。『標準馬来語大辞典』を刊行し、自宅に奈良エスペラント協会を設け、長谷川テル[*2]（一九一二～四七）とも親交のあった奈良町生え抜きの知識人だったが、惜しくも三一歳で亡くなっている。

その宮武が著した随筆集が『奈良茶粥』で、この中で地元でオカイサン・オチャチャと呼ばれている奈良茶粥の起源説を二つ紹介している。起源説は後に触れる（第四章・一二八頁参照）が、「茶粥をたべつけている我々は白粥《しらかい》は味がなくてとても食べられない。」「お粥は毎日食べても飽かない。」と宮武は述べている。[*3]

上司小剣の「奈良茶粥」

上司小剣《かみつかさしょうけん》（一八七四～一九四七）は、奈良生まれの小説家。生家は東大寺の鎮守手向山八幡宮《たむけやまはちまんぐう》の神主を務める家である。読売新聞社社会部に入社し、正宗白鳥《まさむねはくちょう》らの知遇を得、大正三年（一九一四）に発表した『鱧《はも》の皮《かわ》』で作家的地位を得る。昭和に入ると歴史小説やエッセイを書いたが、昭和一六年に刊行された『生々抄』という歴史随筆集に「奈良茶粥」が収められている。

そこで「茶粥は古来貧民の常食であつて」としながら、「私は自宅で茶粥を作るたびに、普通の粥をば茶で仕立てることを考へた人は、可なりの風流人だつたと思ふ。」といい、「それ自身に風味と香味とがあるので、おかずの贅沢を要しない（中略）茶粥のおかずとしては味噌が第一、漬けものがその次である。」という。

＊2　日本のエスペラント主義者。反戦反帝国主義運動家。
＊3　宮武正道『奈良茶粥』山本書店・一九三二。

大坂の豪商淀屋辰五郎《よどやたつごろう》が贅沢な美食に飽きながらも、さらにおいしい物を求めた時、料理番が日本一の高価な物をと言って、奈良茶粥に奈良漬の瓜の刻んだ物に、細かく削った松魚節《かつおぶし》を振りかけて出したという。もちろん奈良漬も松魚節も最高級品だったというが、奈良の普通の茶粥は、「番茶を袋に入れて煮出すのであるが、別に煮出しては香味を失ふので、米と一緒に入れて煮る。ただ、普通の粥のやうにぐつぐつ煮たり、掻《か》きまはしたりしないで、さつと煮上げて火を引く。この呼吸がちよつとむづかしい。どろどろと糊のやうにしてしまつてはまづいのである。」とその作り方を説明し、少年の頃、父が茶粥を食べた後、ゆったりと長《なが》煙管《きせる》で煙を吐きながら、この時のタバコが一番うまいと言っていたことを回想している。

上司小剣は、奈良生まれではあるが、幼い頃に父と摂津多田《せっつただ》の神社に移り住み、大阪を経て、その後は東京暮らしであった。「東京に移り住んでから幾十年、初夏の夢はいつでも奈良に通ふてゐる」[*4]と言う小剣にとって、茶粥は幼少期のふるさと奈良につながる食べ物として特別な存在だったのだろう。[*5]「山茶花や ふるさと遠き 奈良茶粥」という句も詠んでいる。

上司小剣『生々抄』

＊4　上司小剣「初夏の奈良の夢」『清貧に生きる』千倉書房・一九四〇。

＊5　上司小剣「奈良茶粥」『生々抄』大東出版社・一九四一。

河上肇の「茶粥」

経済学者で社会思想家の河上肇《かわかみはじめ》（一八七九～一九四六）は、わが国のマルクス経済学の開拓者として知られるが、山口県玖珂《くが》郡錦見《にしみ》村（現岩国市錦見）の出身で、茶粥がよく食べられた所に生まれ育った。

敗戦後刊行された『旅人』と題する詩集には、詩集の編者となった弟子にあてた昭和一八年の河上の手紙に「（自炊生活にも）すつかりなれて、この頃は、くに風の茶粥を炊くことも上手になり、別に不自由もせず、却《かへ》つて至極暢気にくらしてゐますから御心配下さいますな」とあることも紹介されている。[*6]

奈良本辰也の「茶粥」

河上肇と会って、「私も岩国藩の貧乏士族の家に生まれましたから、朝はいつも茶粥でした」という話を聞いたのは奈良本辰也《ならもとたつや》（一九一三～二〇〇一）だった。奈良本は宮本常一《みやもとつねいち》と同じ周防大島《すおうおおしま》の出身で、船問屋に生まれた。林屋辰三郎《はやしやたつさぶろう》とともに立命館大学の「二辰」と呼ばれる歴史学者となるが、岩国藩に近いことから茶粥の風習があるのだろうと推測している。

茶粥は鑵子《かんす》（湯を沸かす器、茶釜）を使って薪で炊き、湯が沸騰《ふっとう》したら茶袋を入れるが、その中身は「この場合に使う茶は、野に自生している豆科の植物だ。煎

＊6　河上肇『旅人　河上肇詩集』興風館・一九四六。

茶を使ってもよいが、やはり自生のものの方が嬉しい」という。また、「茶袋が、釜の中を鳰《かいつぶり》のように泳ぎ回ると、頃合いを見計らって米を入れる。この場合、米は洗わない方がよいという。その米が、のびて蛇腹を見せない前に竈《かまど》の火をおとして、それを食卓に運ぶのである。さらり、としてなかなかおいしいものである。私の父など、こうした炊きたての粥が大好きで、一日に何度食べてもよい、といっていた。ついでに言うと、炊きすぎて、蛇腹が見えた粥は、見向きもしない父だった。」という。粥を機縁として、父のこだわりが回想され、釜の中の米の膨み具合が「蛇腹」になるかどうか、凝視してる様子が見えてくる。[*7]

今西祐行の「大和茶粥」

今西祐行《いまにしすけゆき》（一九二三〜二〇〇四）は大阪府出身の児童文学作家で、奈良県西部の生駒《いこま》市育ち。大学在学中から坪田譲治《つぼたじょうじ》に師事した。原爆投下後の広島に救援隊として駆けつけた経験をもとにした『あるハンノキの話』など、戦争を題材とした作品で知られる。

随筆「大和茶粥」は、「私は週に一度くらいは今でも茶粥を作って食べる。老人になって胃が弱ったからではない。しばらく茶粥を食べないと、何だか忘れ物をしているような気がして、ふと食べたくなるのである。」で始まる。作り方につい

＊7　奈良本辰也「茶粥」『ふるさと文学館 第四一巻 山口』ぎょうせい・一九九四。

て「茶粥は普通の白粥を炊くより水を何倍も多くする。大きな釜に米を二、三合入れ水をジャブジャブにいれ、ほうじ茶を茶袋に入れていっしょに釜に入れ、うすく塩で味付けをして、ゆっくり煮る。ふきこぼれそうになると、ふたをとってしゃもじでまぜる。御飯粒がふやけそうになると出来あがりである。火からおろしてふたをとると、顔がうつるくらい水分が多くなければならない。これをフーフー吹きながら食べるのである。おかずには、奈良漬や塩昆布、たくあんが最高だ。」と自己流の炊き方を楽しそうに紹介している。冷ご飯を入れたり、あられやおかきをくだいて入れてもいいし、餅をこんがり焼いて入れると一層うまいという。また小学校時代には昼ご飯を家に食べに帰る習慣があり、粕《かす》汁を何杯も食べて赤い顔をして眠ってしまったK君という瓦屋の子がいた。茶粥を食べるといつもこのK君のことを思い出すという。[*8]

矢田津世子の「茶粥の記」

矢田津世子《やだつせこ》(一九〇七〜四四)は、坂口安吾《さかぐちあんご》の恋人であったとされる秋田県出身の小説家・随筆家である。昭和一六年に『茶粥の記』という小説を雑誌『改造』に発表している。

清子は区役所の戸籍係として勤める夫と姑の三人で暮らしていた。その夫が急

*8 今西祐行「大和茶粥」『大和茶粥』日本文芸家協会編・楡出版・一九九三。

の病で亡くなり、家をたたんで姑と郷里の秋田に帰る前日の朝、夫の好物の茶粥を姑と食べるところから物語は始まる。夫は実直な人柄で、職場では食通で知られていた。しかし食べ歩きをしているわけではなく、雑誌や他人の話から想像して巧みに語ることができ、雑誌の連載まで頼まれていた。夫の味覚に対する記憶力と想像力には妻も神秘めいたものを感じていた。その夫との暮らしを回想し、秋田へ帰る旅の宿の献立が淡々と語られながら、夫婦をつないでいた食べ物は茶粥ではなかったかと思わせる佳品である。[*9] 清子の茶粥は、老和尚直伝の極上の緑茶で仕立てたものだったとされている。

*9　矢田津世子『神楽坂・茶粥の記』講談社文芸文庫・二〇〇二。

川瀬一馬の「大和の茶粥」

国文学者で書誌学者の川瀬一馬《かわせかずま》（一九〇六～九九）は知人に勧められて、古書の鑑定と収集、蔵書の動向、研究の心構えや苦心談などをまとめた『随筆 柚の木』を刊行した。興味深いと同時に研究や勉学については胸に刺さる言葉が多いが、併せて父母の郷里である京や大和の食べ物も語られ、「大和の茶粥」の一編も含まれている。

東京では、病人でもない限り粥食をしないが、粥を食べることは古風を残すことだとしている。大和の茶粥は、「かしいだ白米と一緒に少量の番茶を袋に入れて前夜から仕掛けておいて、翌朝たくのであるが、茶が入ると米がしまってどろつかず、さらりとした粥になるのが特徴である。それ故に茶の分量が多過ぎると米がしまりすぎていけないし、また上茶では苦味が強くなるから番茶に限る。無論少量の塩を加える。」としている。茶が米をしめてどろつかせないのだとは時に聞く。「夏の朝などはこれを嘗《こころ》みると、食欲をそそってよいものである。そして、餅を焼いて茶碗に入れ、上からかけて食べるか、かき餅を焼いて同じようにすると一層よく、それならば、わざわざ客に饗しても、大いに喜ばれるにきまっている。」という。

かき餅を割って粥の上に載せている茶粥の写真もあるが、これは本文で書かれているように、まず割ったかき餅やキリコを茶碗に入れ、その上からアツアツの粥をかけると香ばしさが浮き立つ。食べるとややしんなりとした歯ごたえで、それを味わう。川瀬一馬は土地の食べ方をよく心得て書いている。[*10]

阿波野青畝と吉川一竿の茶粥

大正一三年奈良県生まれの吉川一竿《よしかわいっかん》は、高浜虚子《たかはまきょし》が主宰する俳誌『ホトトギス』の「四S」の一人とされた同じく奈良県出身の阿波野青畝《あわのせいほ》（一八九九～一九九二）に師事し、その名も『大和茶粥』という句集を出している。真珠や宝石の訪問販

＊10 川瀬一馬『随筆 柚の木』中公文庫・一九八九（初版、世界社・一九四八）。

売を生業《なりわい》としながら、「初瀬谷の 葛堀の膝 泥だらけ」「息つづくかぎりのびたる海女の綱」など働く人々へ共感や「台風一過 大和茶粥をすすりけり」「花疲 茶粥を所望 申しけり」などの茶粥の句を詠んでいる。

師の阿波野青畝は大和茶粥を弟子一竿の句集名とし「秋刀魚《さんま》より 大和の茶粥 母の味」を序句として呈している。吉川は「大和に生まれ、戦時中を育った私にとっては、茶粥は忘れ得ぬ味であり、まさに母の味である」とあとがきに記している。[*11]

中上健次の『枯木灘』と『日輪の翼』

和歌山県新宮市生まれの中上健次《なかがみけんじ》（一九四六〜九二）は、小説『枯木灘《かれきなだ》』の冒頭で、「母のフサが起き出してつくっている茶がゆのにおいがした。茶の香ばしいにおいが家のいたるところでした。」と描写している。再婚相手が成功して大きな家を建てても、母は変わらず茶粥を炊いている。その茶粥の香りが、かつての母との暮らしを暗示するものとして効果的に用いられている。[*12]

柳田国男は自らの人生を振り返った『故郷七十年』[*13]で、「子供のころ、私は毎朝、厨の方から伝はつて来るパチ〳〵といふ木の燃える音と、それに伴つて漂つて来る懐しい匂ひとによつて目を覚ますことになつてゐた。母が朝飯のかまどの下に、

＊11 吉川一竿『大和茶粥』本阿弥書店・一九八九。

＊12 中上健次『枯木灘』河出書房新社・一九七七。

＊13 『定本柳田国男集』別巻三、筑摩書房・一九七一。

炭俵の口にあたつてゐた小枝の束を少しづゝ折つては燃し附けにしてゐるのが私の枕下に伝はつたのであつた。」と語っているように、中上のこの下りも、柳田と同じような遠い幼児の体験を反映したものかもしれない。

小説『日輪《にちりん》の翼《つばさ》』では住み慣れた熊野《くまの》の「路地」から立ち退きを迫られた七人の老婆たちが、若者の運転する改造冷凍トレーラーに乗り込んで放浪の旅に出る。伊勢《いせ》から恐山《おそれざん》などを経て東京に至る珍道中を描いているが、そこでも道中、老婆たちが七輪《しちりん》で茶粥を炊き、オカイサンに塩を入れる入れないという家ごとに味付けが違うことでもめる場面がある。珍妙で果てしない旅を続ける中で、元の路地での暮らしを象徴する要素として、茶粥が登場している。[*14]

生き切る茶粥

白粥しか知らなかった筆者が初めて茶粥を食べたのが、奈良県吉野郡東吉野村で学校教育に携わってきた西上宏先生（一九三一〜二〇〇一）のお宅だった。先生は学校現場から村教育委員会に派遣され、社会教育や文化財を担当していた。筆者は、奈良県内のあちこちで、地元の事情に詳しい方々に協力いただきながら仕事をしていたが、東吉野村でお世話になったのが先生だった。温顔で涼しい風貌の先生だったが、いつも心の奥で教育のあり方を考えているような人だった。奥

＊14　中上健次『日輪の翼』新潮社・一九八四。

様に作っていただいた茶粥は、香り高く、米の甘みと茶の渋さが適度に混じり合い、さらりとした食感で、何杯でも食べられる味だった。

その後、奈良テレビ放送の記者に、私が出会ったいくつかの郷土食について話したことがある。記者は早速番組にしたいと企画をし、茶粥、朴の葉弁当、小麦餅、めはり寿司の四種の食べ物を取り上げ、一品ずつ四週にわたって紹介した。その収録の折、西上先生はスタッフに茶粥をご馳走したが、食べた若いスタッフは何と反応してよいか分からない顔付きだったという。その時のことは、先生も思うことがあったようで、後日「わが家の『茶がゆ』」と題した小文が送られてきた。博物館に異動した筆者は、茶粥の調査を進める過程でこの文章を改めて読み、博物館だよりに掲載したいと思った。民俗の食としての茶粥の特色が分かりやすくまとめられているので、長文であるが次に全文引用する。

(平成一二年)七月六日、奈良テレビがわが家の伝統食「茶がゆ」の撮影に来られた。天然の山水で米を研ぎ、手もみの日当茶《ひなた》を茶袋に浮かべて栗の木のしゃもじで何回も混ぜながら炊き上げていく。やがて細長くふくらんだ米粒が鍋の上に舞い上がってくると花の咲かないうちに冷水をかけ、シコシコした食感にしあげるのがわが家の茶がゆの特徴である。

早速、ねばってこないうちに漬物と有り合わせの塩鯖の小切れを添え、箱膳に盛る。便利な世になってもどこかにこだわっているわが家の茶がゆである。三人のテレビの人達と、その日、偶然父の墓参りだといって大阪からやって来た従兄の長女を交えていただくことにした。茶がゆは、私にとっては人生の原点ではあるが、この人達にとっては格別においしくもない地味なこの食事をいったいどう感じとられているのか興味があった。

一口、二口食べられるのを待って、「茶がゆの味はどうですか？」と聞いてみた。テレビの方からはなかなか反応が返ってこない。三人は「おいしい」という返事ができなくて困っているようだった。大阪の娘に返事を求めるとこの娘はいきなり「この味、死んだ父さんの味や」と言いながらその味を更に追うように口に運んでいた。おそらく、子供の頃に山の父に何回か食べさせてもらった茶がゆの味が体の奥の方に潜んでいたのだろう。茶がゆの味をぬきにしてこんな返事をしたのである。

その後、テレビの方は「すみません。悪いけどおいしいのか、まずいのかわからないのです。」と素直に結果を聞かせてくれた。およそ、四人の反応からすれば茶がゆは決して美味でも華やかでもない地味な貧者の食事である。あえてかっこうをつけるなら侘《わび》・寂《さび》の世界をのぞかせた土着の食事である。もし、茶がゆがステーキやマグロのように美味だったり、曲《くせ》の多い食事だったとしたら我が家の常食として長く続くはずもないだろう。

これといって格段の味も見ばえもなく、栄養価も代価も高くない極《ご》平凡な食事だったからこそ貧しい山の民の基本食として伝統食文化の一角に残っているのである。この選択は極端を好まない日本人の気質にも通じている。いま、村に残る精神文化（まつりごと等）にしても、時代の先人達が少しでも豊かなくらしをしたい、うるおいのあるくらしをしたいと願うくらしの中に必然的に芽生え、長い風雪にもまれながら、不要なものは削がれ、取捨選択を繰り替えされながら、終局の形となって残されている文化に違いない。住民の心を離れて金にあかしたいまどきの利益追求型観光文化や住民のニーズを押さえた施設文化のたぐいのように他力によるにわかづくりの文化ではなかったはずである。

「茶がゆは死んだ父さんの味や」という反応も実に伝統食の特徴をよく表現している。まさに茶がゆは村人にとって田も畑もない山の斜面に大勢が生きていくための知恵の食事であり、人生の原点でもあり、原風景でもあったろうと思う。この人達は何れの地にあっても茶がゆを口にすると忽ち故郷に心が交い、家族・友人に会えるのである。また目先にどんな困難がやってきても茶がゆを口にすれば、あの時、あの様にして、乗り越えてこられたのだからこれほどの事は、と別の力が湧出して自分を押し上げ高めていけるのである。「貧しくひ弱に見えるたかが茶がゆ」と思われても、茶がゆは私にとって生きる力、生き切る力に変わりはない。[*15]

茶粥に関する随筆などを集めてみた。探してみると思いの他、茶粥に関する随筆が見つかり、探した本人が実は驚いている。この食べ物が特別なご馳走ではなく、繰り返される日常《にちじょう》茶飯《さはん》の食であるだけに、自らが育てられてきた暮らしの風景の一部、母親や父親など肉親につながる生活の細部まで直ちに思い起こさせ、当時の思い出につながる食、つまりはソウルフードとしての愛着をもって追想されていることがよく分かる。初めて食べた茶粥の味は、私にも印象強く残ったが、「茶がゆは私にとって生きる力、生き切る力」だと西上先生は述べている。「茶粥は私のソウルフードだ」と言いたかったのだろう。

＊15 『奈良県立民俗博物館だより』第九六号・二〇〇六。

コラム

【茶粥と片仮名】

吉野に暮らして歌を詠んだ前登志夫《まえとしお》（一九二六〜二〇〇八）が主宰した短歌結社「山繭《やままゆ》の会」が『ヤママユ』という短歌雑誌を刊行している。その五四号（二〇一九）を同会の喜夛隆子さんからいただいた。榎幸子歌集『わがものならず』を批評した藤原龍一郎の「日本語の魅力綺羅めく」が掲載されている。歌の中に、「言霊も歴史もふふむと思ふなり そを捨てられし地名を悼む」、「お山する 柴する薪する おなりする 名詞が動く登志夫の世界」がある。二首目は「評論にしてもよい発見をストレートに歌にしてしまう気概に敬服する」と評している。「名詞が動く」とは面白い表現だと私も思う。

民俗学にかかわる者として、地名や物の名は大変気になる。土地により発音が変化し、それに漢字があてられ、意味が変化するので、安易に漢字にすることは怖い。そこで「オナリする」と民俗語彙を敢えて片仮名で表記する。オナリという言葉は、東吉野村大豆生《まめお》の西上家で初めて聞いた。ここで初めて私は茶粥をいただいた。オナリするとは炊事をすること。かつて炊事役は主婦というより、家のおばあさんが主に務めたので、オナリバアサンということその時に聞いた。沖縄で兄弟が姉妹を指していうオナリを思い出し、奥吉野と沖縄が繋《つな》がったと思った。「お山する」とは、後の言葉からすれば山仕事の意だろうが、「山行き」は墓穴を掘ることを指すこともある。柳田国男の『葬送習俗語彙』を見ると、墓地を「山」と呼ぶのは古く、埋葬を「山仕事」「山拵《ごしら》え」、大和東北部の山間部では、墓穴堀りを「ヤマシ」というとある。

大峯山の山懐に生まれた父のことなどを回想した『やまとの茶がい』という随筆集（阪本松子、一九六九）がある。知り合いの東大寺長老から「茶がゆ」だと指摘されたが、著者はあえて方言で「茶がい」を題名とした。「茶がゆ」では表現できない、父とふるさとを喚起する深い心情が、この言葉にはあるのだと思う。「言霊や歴史もふふむ」のが、土地の言葉であり民俗語彙だ。

第二章

穀物と人間　米・麦・稗

一　食文化の体系

茶粥という食文化の一つを具体的に考える前に、その見方を整理しておきたい。食文化の大系を、その材料から食品に至る経過と食べ方や食べる道具の観点から大きく五分類することができる。

（一）食料
主食料・代用食料・間食料・救荒食料・副食料その他

（二）調製
主食料を煮炊きして主食品にする「炊事」、副食料を処理加工して副食品にする「調理」、酒・酢・味噌・醤油などを作る「醸造」、豆腐やこんにゃくなどを作る「製造」などがある。

（三）食品
主食品・代用食品・間食品・救荒食品・副食品・祝祭食品・嗜好食品。

（四）食制
日常の作業や労働に対応した食べ方と、職業や身分などに応じた祝祭における食べ方。

（五）食具

貯蔵用具・精製用具・炊事用具・調理用具・飲食用具。

何が食べる対象となるか（食料）、それをどのように料理するか（調製）、どのような食べ物にするか（食品）、それをどのようにして食べるか（食制）、その時どのようなモノを用いるか（食具）という観点から食文化を見ようとするわけである。[*1]

現代では、「ご飯」を「主食品」とすることに抵抗があるほど、副食品中心の時代となってきた。何が主食料であるかによって主食品はほぼ限定されてくるが、主食品は、主食料の利用の仕方、例えばある穀類の炊き方で飯と粥の区別があり、種々の穀類や野菜の混ぜ方でさまざまな変化が生まれる。これから問題とする茶粥は主食品であるが、それを問題にする前にまず主食料について考えておく必要がある。土地によって程度は異なるものの、お金があれば世界中の美味な物をいとも簡単に口にすることができる。この異常な豊かさを誇る現代の日本社会にいて、過去の食のあり方を実感を伴って考えることは、すでに筆者を含めてかなり難しいことではあるが、文献なども利用しながらその一端をまず見ておきたい。

＊1　『日本民俗文化財事典』文化庁文化財保護部監修、祝宮静・関敬吾・宮本馨太郎編・第一法規出版・一九六九初版他。

二　明治の大蔵省食料調査

主食料については、明治一一年（一八七八）の大蔵省（地租改正局）の調査による三九の国または県別の主食料を報告したものが知られている。旧国名と県名が混在しているが、これによると米・麦・粟・稗《ひえ》・蕎麦《そば》・芋・蕨・大根・栃《とち》・栗《くり》・葛根・大豆・小豆・玉蜀黍《とうもろこし》などが主食料として報告されている。これらのうちからその比率まで報告しているものを中心に、米の比率の低いものから順に示してみると、次のようになる。

- 美作《みまさか》（国）　概して麦
- 和歌山県　繁盛地を除いて麦常食、山民は芋常食
- 大分県豊後《ぶんご》国　大小麦・粟・稗、国中米食甚だまれ
- 対馬《つしま》国　大麦・琉球芋《りゅうきゅういも》
- 壱岐《いき》国　米10、麦45、琉球芋45
- 長崎県　米25、麦35、甘藷《かんしょ》40
- 高知県土佐《とさ》国　米28、麦27、甘藷24、玉蜀黍12、稗4、粟2、田芋2、蕎麦1
- 隠岐《おき》（国）　米30、麦・琉球芋70

- 兵庫県播磨《はりま》国　米30、麦70
- 愛媛県讃岐《さぬき》国　米30、麦70（極貧民や島嶼《とうしょ》は麦のみ、時に芋・粟）
- 茨城県　米（麦）相半す
- 旧鳥取県　米55、麦・琉球芋・蕎麦・粟・稗45
- 静岡県伊豆《いず》国　米70、麦稗粟30
- 滋賀県若狭《わかさ》国　米70、蕎麦・麦・その他30
- 旧鶴岡《つるおか》県　多くは米、麦粟は少

ここで大和国、河内《かわち》国、和泉《いずみ》国については、比率までは報告されていないが、次の通りだった。

- 大和国　米、麦、粟、黍《きび》、大豆、大根、小麦、芋、甘藷芋、樫《かし》の実、茄子《なす》、胡瓜《きゅうり》、南京《なんきん》、白瓜、人参《にんじん》、大角豆《ささげ》、小豆、蚕《そら》豆《まめ》、薯蕷《とろろ》、豌豆《えんどう》、牛蒡《ごぼう》、菜種《なたね》、稗、蕎麦、馬鈴芋
- 河内国　米、麦、大豆、小豆、芋、大根、茄子、蚕豆、小麦、甘藷、菜、薩摩芋、粟
- 和泉国　米、麦、大根、蕎麦、小豆、甘藷、黍、粟、餅米

米食を好み、米食を理想とするといわれるわが国で、明治一一年における主食料のあり方の全国的な偏差と米食の度合いがおおよそ分かる資料である。[*2]

三　穀物と人間

先に挙げた明治の調査は大蔵省の立場から行われた調査であったが、さらに主食料のあり方について、役所の調査ではなく現実の生活を営む人の立場から、またそれを調べ記録しようとする民俗学の立場から文献に残されたものなどを、手元にある過去の調査事例などから振り返ってみたい。

「私の日記」の米と麦

随分前のことだった。昼休みに奈良県立文化会館で、ある施設の作品発表会を何気なく覗いたことがある。見ているうちにある一つの作品から目が離せなくなった。模造紙を用いて大きな日記を開いた状態のものを作り、そこに

私はお母さんに麦を買いに行かされ、かんに一ぱい買ってきました。でも麦はおいしくないので一回だけたべて川へすてました。お母さんとお父さんは、

*2　瀬川清子『食生活の歴史』講談社学術文庫・二〇〇一（初版、大日本雄弁会講談社・一九五六）。

お米のごはんを食べていました。私だけべつに麦だけのごはんおたべ《（ママ）》ていました。お米のまざったごはんおたべ《（ママ）》たかった。私は、なべ、ちゃわん、はしを川へすて家を出ました。どうしたらいいのかわからず死にたくなりました。
でもおもいかえして家にかえりました。

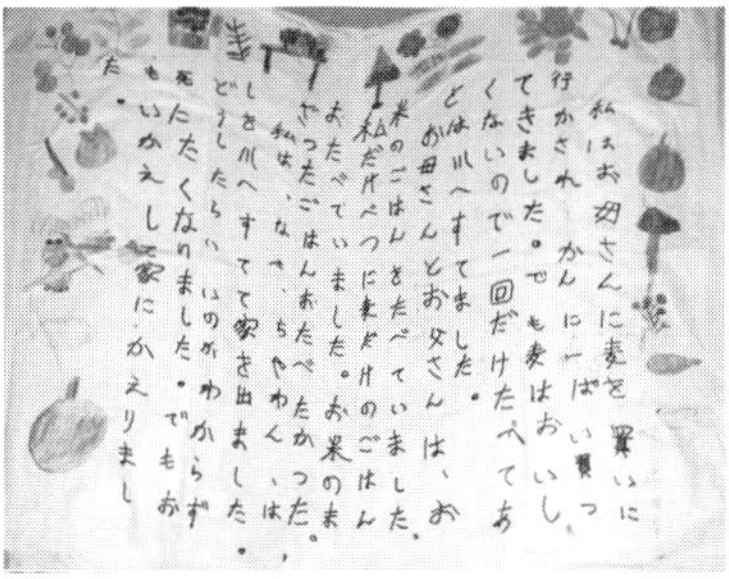
「私の日記」

と、たどたどしい筆致で書いてあった。文章の回りには花や果物の絵が描かれていた。職場へカメラを取りに帰ったのだと思う。手元に一枚だけ写真が残っている。奈良県内の生活困窮者の救済施設で、五三歳の女性が、何か自分の作品を作ろうと勧められて表現したのは、心の底にあった食にまつわる悲しい思い出だった。里子《さとご》に出されたのだろうか、それでもこのようなことがあるのだろうか、この人はどのような人生を歩んできたのだろうか。関係者らしい人の誰もいない会場で、いろいろと思い巡らし、暗然たる思いだった。

　瀬川清子《せがわきよこ》（一八九五～一九八四）がかつて指摘したように「男飯・女飯」の違いかもしれない。岩手県のある地方で「漁村では、白米の飯が男飯で、女は雑穀飯である」、また奄美大島《あまみおおしま》などでは「戸主と相続人は米の飯・妻や女の子は雇人といっしょに竈屋でイモを食った」と伝えている。[*3] 家長はおかずが一品多かったとは耳にするが、さらにこうした食べるものの厳しい格差が家庭内にあったことは、す

＊3　瀬川清子『日本人の衣食住　日本の民俗　二』河出書房新社・一九六四。

でに多くは忘れ去られている。家の内部での食の違いをあたりまえのこととする意識が、昭和二五年一二月の参議院予算委員会で、当時の大蔵大臣池田勇人《いけだはやと》の「所得の多い人は米を、少ない人は麦を食べるように」という発言につながり、「貧乏人は麦を食え」発言としてマスコミで報道され、国民の怒りに火がついたのだった。[*4]「米」と「麦」、さらに雑穀を巡る厳しいこの違い。理由は何であれ、食べている人のすぐそばに、食べられない人がいるという現実、食のこの格差を常に思わなければ、食文化の調査はただの「グルメ旅」に終わると思うようになった。

大村崑の「米と麦と夏ミカン」

米と麦についての思いを戦後（第二次世界大戦後）七四年を経て吐露したのが、昭和六年（一九三一）神戸市生まれのコメディアン大村崑《おおむらこん》だった。大村は一九五〇年代、テレビが一般家庭に普及し始める頃、「番頭はんと丁稚《でっち》どん」や「とんま天狗」などで全国的な人気を博した人物で、私もテレビ放送の始まる前、テストパターンから飽くことなく見つめていた一人だった。

大村は二〇一六年にオバマ大統領（当時）が広島を訪問し、被爆者と抱き合うシーンをテレビで見ていて忘れていた記憶が甦り、ずっと残っていたアメリカやアメリカ兵への恐怖心からやっと解放されたという。画面を食い入るように見て

＊4　一九五〇年一二月七日の参議院予算委員会で、当時の池田勇人大蔵大臣が「私は所得に応じて、所得の少ない人は麦を多く食う、所得の多い人は米を食うというような経済の原則の沿ったほうへ持って行きたい」と答弁した。

いた大村は、「僕の奥底に眠っていた戦争の記憶が浮かんできたんです。と同時に、この体験を生きているうちに伝えなければと思うようになりました」と語っている。一九四五年の神戸大空襲後、焼け野原となった清盛塚《きよもりづか》（神戸市兵庫区）で、無数に転がっていた黒焦げの遺体を素手で運ばされて棺に入れたという。敗戦を防空壕で迎え、日本が負けたと大人たちから聞かされると、「これで白い飯が食えると万歳した。白米は兵隊さんのもん。僕らは麦飯でしたから。飢えを芋の皮やツルでしのぐこともあった。ある日、道端に落ちていた夏ミカンの皮を拾おうとしたら、おじさんに先を越された。その時の得意げな顔、いまだに忘れられないです。」と語る。戦後は学校から足が遠のき、闇市での「銭もうけ」に夢中になったが、夜に米兵二人に襲われ、レンガで頭を殴られ、金を奪われたこともあるという。「元気ハツラツ！」とホーロー引きの広告看板が、大村の笑顔とともに今も集落の古い板壁に貼られたままになっていることがある。その記憶の奥底には、無数の死体と飢えと弱肉強食の奪い合いが沈んでいたのだった。*5

大村崑のホーロー引きの看板

*5 『毎日新聞』二〇一九年八月一六日付夕刊。

中村仲蔵の「稗と麦」

江戸時代の食の事情について、江戸末期の百科辞書『守貞謾稿《もりさだまんこう》』には「今三都ともに皆各粳米《うるちまい》を釜中に炊ぎ、更に他穀を交へず、鄙《ひな》は米のみの飯を食す所もあれども多くは麦を交へ食す。粳一種の釜炊飯を俗にこめのめし、又しろめしとも云」[*6]とあるように麦を交えて食べるとしているが、稗も食べられていた。

幕末から明治にかけての歌舞伎役者三代目中村仲蔵《なかむらなかぞう》（一八〇九〜八六）の自伝『手前味噌』には、雑穀についての事情が語られている。仲蔵は天保一三年（一八四二）に富山に行った帰途、飛騨《ひだ》の百姓屋で休憩し、稗を食べている。ここに江戸弁を話す四〇近い女がいて「この辺りではみな麦飯を食べています。私たちは麦を食べられないので、稗を食べています。」と話している。この女性は実は江戸の芝居町の隣町で木戸番をしていた者の家族だったが、中村仲蔵という俳優の食生活をその日記から探った演劇評論家で江戸文化研究家の赤坂治績《あかさかちせき》は、この女性の言葉を「自分たちは江戸で白米を食べていたので、麦の入った飯は不味《まず》くて食べられない」と言いたかったのだと推測した。また弘化四年（一八四七）には、信州伊那谷《いなだに》からの帰り、甲府《こうふ》盆地から大菩薩峠《だいぼさつとうげ》にかかる手前の茶屋で、今度は麦飯を食べている。[*7] 江戸や京大坂など都会では、最下層の人々も白米を食べていたとしても、全国的には米に麦や稗・粟・黍など雑穀を混ぜて食べており、当然のことながら昔から日本人は米だけを食べてきたわけではないのである。

平山敏治郎の「稗飯の味」

＊6　喜田川季荘（守貞）『類聚近世風俗志 原名守貞漫（謾）稿』日本図書センター・一九七七。

＊7　赤坂治績『江戸歌舞伎役者の〈食乱〉日記』新潮社・二〇一一。

民俗は、現地の姿をありのままに見るべきで、理論で推測すべきではない、と民俗学者で柳田国男《やなぎたくにお》の高弟平山敏治郎《ひらやまとしじろう》先生（一九一三～二〇〇七）は言う。先生は、奈良県の文化財保護審議会の委員を務めておられ、民俗分野のことで長年大変お世話になった。

先生からいただいた『民俗学の窓』の中に「稗飯の味」という一文がある。[*8] 京都大学の大学院生の頃、考古学教室で面識を得た江馬修の住む高山《たかやま》を訪れて、飛騨の山村の生活を味わって帰りなさいと勧められ、瓜田《うりだ》という所で稗飯を食べた。「初めて口にした稗の飯は、予想よりはるかにおいしかった。これはお世辞でも誇張でもない。」と言う。その時の稗飯は、稗三・米七の混合飯だった。ただ、炊き立てはおいしいが、冷えると粘り気がないので、湯茶を注いで口に流し込む他なく、当時一般にヘメシ（稗飯）というのは稗と稗糠《ぬか》が主で、米を混ぜるのは上等で毎日食べるものではなかったともある。その後、乗鞍《のりくら》岳の麓の岩井谷という集落の旧家を紹介してもらい、しばらく世話になりいろいろ聞き取りをしてから学校に帰り、飛騨で稗飯を食べたと友人に語ると、早速学会で報告しろということになった。高山郊外の生活習俗を紹介してから稗飯のことに及び、水稲栽培の条件は悪く、稗などの雑穀類は比較的よくできることを説明し、土地を持つ本百姓は稗を毎日食べ、土地を持たぬ村人はかえって米を食べると報告した。すると「地

＊8　「稗飯の味」『民俗学の窓』学生社・一九八一。平山は、日本文化史学・民俗学専攻、東京生まれ。大阪市立大学教授。大阪市立博物館長・成城大学教授・成城大学民俗学研究所長。主な著書に『日本中世家族の研究』法政大学出版局（一九八〇）、『歳時習俗考』法政大学出版局（一九八四）、『大和国無足人日記—山本平左衛門日並記—』全二冊・一九八八・清文堂出版がある。

主が稗を食い、土地を持たぬ者が米を食うというのはおかしい」、「君はせっかく村落調査に行き、何日か滞在してきたというのに、何を見、何を得てきたのか」と批判された。前々から、実際に村に入ると、目前にある事実はかねての知識と大いに違っていることに気が付いていた先生は、土地を所有している農民はその土地の生産物で生活し、土地の少ない、また土地のない人々は日雇い稼ぎなどで賃金を得て、これで食料を得る。高山の町から安い輸入米（当時のナンキン米）を買って食べているのが実情だと反論したという。目の前の事実よりも、まさに教条的な論理が優先していた学会の雰囲気がよく分かる話だ。「稗が一番よくできる村の人が稗を食べるのは自然」、「狭い日本のうちでも条件の違う村では種々の生活手段があります。あなたがたのように都会で消費生活をし、食料を自由に選択して入手できる方々とは立場が違います。」と一矢報いてその場は終わったという。

後日の『史学雑誌』の学会消息欄で、平山某は倒錯しているとまだ非難されたというが、先生は伝聞で判断するより、実地に即した調査の結果で判断するほうが着実だと以来自信を持ったと書いている。この稗の話は、直接先生から聞いたこともある。主食に限らず、民俗学の方法論として重要なことだと思っている。

粥にはいろいろな粥があった。宮本常一《みやもとつねいち》（一九〇七〜八一）が、奈良県の奥吉野西部を昭和一一年から一四年にかけて踏査した結果をまとめた『吉野西奥民俗採訪録』は、稗食について詳しく触れている。

大塔村《おおとう》（現五條市）篠原《しのはら》では、かつては「ハタキビエの粥」が食べられていた。稗が常食で、焼き畑で栽培し、一〇石作っている家もあったという。稗を作るために他人から山を借り、その地子《じし》（地代）を吉野川流域の下市《しもいち》から買ってきた米で払ったという。この稗には二種あり、キリハタに作るのが毛の多いヒゲビエで、畑に作るのが毛の少ないボーズというものだった。さらにモチビエというものもあった。山から持って帰った稗の穂は、イロリであぶってから臼で搗く。これを三回繰り返してハタキビエ（ハタイた、つまり粉にした稗）となる。食べ方は、そのまま飯や粥にしたり、ハタキビエに細かな糠も加えてヌカモチにしたという。

ハタキビエの粥は、米五合に稗一合五勺ほど入れたもので、これほどうまいものはないという。稗は腹の大きくなるもので、腹の持ちもよかった。米を四合食べるところを稗であれば三合で済むという。ことにハタキビエは米より味も上等で、米が一升五〇銭なら稗は六〇銭した。稗を食べると力も出たという。昔は力のある男は百貫の荷を担いだが、今では四〇貫の荷がやっとなのは、稗を食べなくなったからだろうという。また稗で酒も作ったという。米の酒より一段よいもので、柔らかで飲みやすい酒だったが作るのは贅沢だったという。
こうした高い評価がされていた稗を食べなくなったのは、杉山ができて焼き畑が少なくなったことや、子供を小学校に通わせるために出作り小屋での生活が難しくなったこと、林産物の売り出しから米が容易に買えるようになったこと、さらに稗を食うことに卑下感を持ち、また持たされたこと、精白に手が込んでいたことがあげられている。[*9]
篠原での焼き畑と食生活については、その後昭和五四年に朝日新聞が雑穀を栽培し続ける女性を中心に詳細な紹介を行った。篠原では大正初め頃までほとんどの家で焼き畑(キリハタ)で生活を営んでいた。秋に雑木林に火をつけて焼き、一年目のサラ畑にはヒエを播き、二年目のフル畑にはアワを、三年目のセゴジャには小豆かアワを作り、その翌年からスギやヒノキの苗を植えて林に戻した。キリハタには生活できる小屋を作っておき、男たちはここで栗の木で横臼の壺や杓子を製作した。アワ、キビはモチやキビご飯にし、ヒエは米と混ぜて炊いたり、粥にした。シコクビエ(四国稗)は粉にして団子を作り、おつゆに入れた。「ヒエのハク(精白したもの)が一合あれば江戸まで行ける」と腹持ちのよさを例えたという。雑穀は正月の餅に入れ食べたが、香りがあるので子供たちは米の餅より好んだという。この篠原で、いざという時のために種継ぎとして雑穀を作り続けてい

*9 『吉野西奥民俗採訪録』日本常民文化研究所・一九四二。宮本常一は、山口県周防大島生まれ。民俗学者。大阪で小学校教諭を務めながら、民俗学の道に入る。のち渋沢敬三主宰のアチック・ミューゼアム(日本常民文化研究所)に入り、全国的に民俗調査を行う。離島振興に努める。武蔵野美術大学教授。『忘れられた日本人』、『民俗学の旅』『私の日本地図』他の著作がある。

た福井ナツヱさん（当時八二歳）は、普段は米の茶粥を食べているが、「米がなくなる時節がくるかもしれない」、「こけぬ先の突っ張り」だとして、シコクビエ・アワ・キビ・ヒエなどを栽培して貯蔵していたと報じている。[*10]

林宏の『吉野の民俗誌』

奈良県の文化財保護審議会の民俗分野の委員を林宏先生は務めておられた。県内各地で綿密な調査を行い、県教育委員会の調査報告書や県下の市町村史にその成果を数多く執筆された。さらに独力で吉野郡の調査も行い、『吉野の民俗誌』[*11]がまとめられている。先生は地理学が専門分野であったが、民俗学を「日本人の本当の歴史を知るための学問です。そしてまた、村の心を語るものです。地理学も統計数値だけに頼っていては、人間不在の学問となります。村に民俗を訪ね、村の暮らしとその心にふれることは、本当の地理学のためにも必要です」と語っていたという。[*12]

昔は食の足しに、ヒエ・アワ・トウキビ・イナキビ・ナンバ・ソバなどを作り、ことに正月の餅グサ（餅の材料）として、アワやキビを多く作ったという。中でもヒエは、痩せた畑にもよく育ち、腹持ちがよく、しかも何十年貯えておいても虫が付かないという利点があるので、昔はよく作ったという。

＊10　一九七九年五月二八日付、朝日新聞。

＊11　林宏『吉野の民俗誌』文化出版局・一九八〇。

＊12　福田栄治『京都の民俗誌』あとがき・文化出版局・一九八七。

下北山村《しもきたやま》寺垣内《てらがいと》では、昔はヒエばかり食べていたという話が残り、ヒエの握り飯を持って山へ行き、トチの実を拾ってきて餅に搗いて食べたし、また仲間で田を開く時、ヒエ粥を分配するシャコ（柄杓）を持つのは、喧嘩に強い力自慢の者に限られたという。

どのジゲ（地下）でも毎年各戸から家族数に応じてジゲグラ（地下倉）にヒエを貯え、コンキュウ（困窮）が来たら、この倉を開けてヒエガイ（稗粥）を炊いて窮民に振る舞った。これをセンギョウノカイ（施行の粥）と言ったが、下北山村池原では、老人たちの小さい頃は、「センギョウノカイに行ったらあかんぞ。あんなもんにつく者はよっぽどのもんじゃ」と言われ、心がけのよい家では日頃から不時の災害に備えて、ヒエやトチやカシコなどを貯えておくべきだとして、「こうした先祖の苦労があってゲラ（自分）も今日おられるんや」と言っていたという。

林先生には、奈良県南部の広大な山村の民俗調査の成果をまとめた『林宏 十津川郷採訪録 民俗』もある。日本一大きな村として知られる十津川村には五五の大字があり、そのほとんどを調査した精密なノートを残している。この中から、主食にかかわる事項をいくつか拾い上げてみると、食料はゴクモノ（ナンバ、麦など穀類）とホリモノ（球根類、野生の塊）に分かれていた。つまり「穀もの」と「堀もの」だった。昔は麦と芋が常食だったが、ホリモノも極めて重要な地位を占めていた。コヤシナイ（子養い）する盛りには、ムネ（尾根）のワラビの根やクズネ（葛根）、トコロ、ウルネなどそこらのマブ（畦畔）にあるもの、オイモチ（彼岸花）などをアワして（晒して）食べたという。また、食料の足りなかった時代には、ガシン（餓死）に備えて稗を作って貯えた。もう捨てるのだと五〇年位経った稗を見せてくれた人がいるが、稗はどんなに放っておいても決して腐りもせねば虫もつかなかった。桶などに入れて、納屋などに置いておいた。トチの実も貯えた。いい木に当れば一本で何石もあるという（十津川村上湯川）。

岸田定雄の『洞川の民俗』

奈良県下の中高校で国語教諭として教鞭を取りながら、県教育委員会や県下の市町村史編纂事業に伴う民俗調査で、平山・林両先生と並んで長年尽力されたのが岸田定雄先生（一九〇八～九六）だった。

吉野郡天川村《てんかわ》洞川《どろかわ》は、わが国の修験道《しゅげんどう》の根拠地大峯山《おおみねさん》の麓の登山口にあたるが、この洞川の民俗誌が先生によってまとめられている。焼き畑はキリハタとも言い、山を焼いてから、ヒエを直播《じかま》きした。この畑は三年くらいで放置する。またダイシビエ（大師稗）というのは、畝《うね》に作って植え替えをする。刈った穂は焼いて実を取ることもあった。ヒエもダイシビエも貯蔵がきき、そのまま俵に詰めて貯える。

これが飢饉に備えての重要な品だった。「ヒエの糠を捨てるのが惜しいと言い、糠も一緒に粥に入れたとは、柳谷翁の話である。翁によると白《はく》にすれば米に劣らずうまいという。昔はヒエは多量に食べた。井口翁の家も朝、晩は粥だった。朝、夕が粥で昼は麦飯というのは何も洞川だけの話ではない。米の穫れる国中《くんなか》の農家がそうであった。まして一粒の米も、また麦も穫れぬ洞川で、昔日せめて作れるヒエやダイシビエを大いに食ったのは自然のことである。」としている。[*13]

ダイシビエはシコクビエとも呼ばれ、吉野郡下北山村下桑原で明治の新聞で覆いをして保存してあったヒエを見せてもらい、「こいさ（今夜）米の飯《めし》、正月か盆か親の年忌か煤掃《すすはき》か」という歌を採集している。煤掃きは一二月一三日、迎春準備の慶賀すべき日である。米の飯の食べられるのは年にこの四回で、記録が少ないものの多くの日本人の命を支えたのはこのヒエであったに違いないとしている。[*14]

岩井宏實の「奈良県の食」

岩井宏實先生（一九三二～二〇一六）は、奈良市南部の生まれ。旧制郡山中学時代に、宮本常一と岸田定雄に教えを受けた。また山岳部に入り、吉野の山もほとんど歩いたという。県立畝傍《うねび》高校教諭をしながら、大阪市立大学で平山敏治郎の伝承学の授業を聴講もした。昭和三二年には『吉野風土記《ふどき》』に吉野の民俗語を集

＊13　岸田定雄『大和修験道大峯山麓 洞川の民俗』私家版・一九九三。岸田は方言学・民俗学専攻。奈良県生まれ。奈良県内中学・高校教諭。『大和のことば―民俗と方言―』（上下）・現代創造社・一九八二、『吉野紙』豊住書店・一九九五や奈良県内の市町村史民俗編を多数執筆。

＊14　岸田定雄「奥吉野の稗作」『雑穀研究』三・一九九三。

めた「吉野民俗語彙《ごい》」を投稿し、「ヒエザケ」を取り上げて「稗で作った酒。米の酒よりは柔らかくて飲み易い酒であったが、これを作るのは贅沢とされた。（大塔）」としている。また「ツケメシ」として、「飯に粥をかけたものをいい、粥ばかりよりはよい食事である（野迫川）」と解説を施している。

さらにその後、「奈良県の衣と食」[*15]で稗について、「十津川の玉置川《たまき》・上葛川《かみくずがわ》でことに多く作られた。煎って臼で搗いて粉にして匙ですくって食べたり、茶碗のなかで煉って塩味をつけて食べたりした。碓で精白して炊いて食べることもあったが、さっぱりうまくないという。一般に稗はよほど不自由なときしか食べず、飢饉に備えて貯蔵しておくことが多く、稗は五〇年たっても虫も喰わず腐りもしないという。乳の出ない人は稗を食べると出がよくなるという。川上村《かわかみ》では、普通の稗とシコクビエと二種類あり、普通の稗はハナシ（切畑）に作ったが、シコクビエは畑の縁にでも植えるとよくできたという。稗は粉にして粳《うるち》の古米の粉などとともに、糯米《もちごめ》の上にのせて蒸して食べたり、粒のままジャガ薯《いも》とともに炊いたり、ご飯に入れたこともある。シコクビエは糯米のなかに入れてノシ餅を作り、それを切って焼いて食べた。また稗の実を鍋で煎り、挽臼や碓で粉にし、篩《ふるい》でとおして、残ったものをニベといい、飯の煮えかえった上にのせて蒸し、その上に粉をのせて稗飯にすることもあった。野迫川村では飯に炊くメシベーまたはホンベ

＊15　岩井宏實「奈良県の衣と食」『近畿の衣と食』明玄書房・一九七四。岩井は奈良市生まれ。民俗学者。旧制郡山中学時代に、宮本常一に歴史を、岸田定雄に国文を習う。大阪市立博物館学芸員、国立歴史民俗博物館教授、帝塚山大学学長。『地域社会の民俗学的研究』、『絵馬』、『曲物』他奈良県内の市町村史民俗編多数。

ーというのと、団子にするダンゴベーまたはシコクベーというのと二種類あった。稗飯はとくに腹もちがよく、山仕事の弁当に最適で、袋に入れて持ってゆき、摑んで食べながら仕事をしたという。宇陀郡ではハタケ稗にし多量に穫れたし、田の冷水のところで稗を育てた。できた稗は干して横槌や掛矢で叩き、カラス（カラウス）で搗き、箕をあおって唐箕《とうみ》にかけ、石臼で碾いて粉にし団子にした。稗はオツイや粥にいれた。」と書いている。

堀田吉雄の「麦飯・稗飯」

毎年一二月末に、三重県桑名《くわな》市太夫《たゆう》の増田《ますだ》神社という小さな社で、西日本各地を巡っていた伊勢太神楽《だいかぐら》講社《こうしゃ》の社中が勢揃いして、厳かな雰囲気の「神来舞《しぐるま》」や、「綾採《あやとり》の曲」や「献灯《けんとう》の曲」のような曲芸的な放下の芸、さらには花魁《おいらん》道中を真似る華やかな「魁曲《らんぎょく》」など息つく暇なく次々と繰り広げられて、獅子神楽が堪能できる機会がある。寒風吹きすさぶ中、大勢の見物人と三時間ほど立ちっぱなしで、脚は文字通り棒のように硬直するが、それ以上の満足感があった。毎年のように桑名へ通っていた時に出会ったのが、伊勢民俗学会を主宰し、三重県の文化財審議委員を務めていた民俗学者堀田吉雄（一八九九〜二〇〇一）だった。太神楽の芸風にも似て軽快で明るい話し方をする人だった。

その堀田が、三重県の民俗を概観した本の「麦飯・稗飯」の項に次のように書いている。「著者の少年時代は、三食麦飯だったが、城下町の津のことだから、大麦をヨマシて（水煮して）一割ほど入れるだけであったが、それでも特有の匂いが鼻につき、父などは大きらいで、麦つぶをはじきだしていた。農山漁村では、小米が一割・二割という麦飯もあったのである。五分五分ならよい方というのも痛ましい。ぶつぶつで食えるものではなかった。それでも稗飯よりはましだったのだろう。桑名の近くにも稗田という地名の村がある。かつては稗を主食にした時代もあったに違いない。稗飯は暖かいうちでないと食えるものでないという。」と記している。[*16]

食文化を民俗学の視点で少し眺めてみただけでも、米・麦さらに雑穀を含めた主食の歴史が、日本各地で土地ごとの環境に適応してさまざまな展開があったことが分かる。そうした土地ごとの環境を生かした形での主食の確保がなされていたにもかかわらず、近世以降の米中心の支配体制の中で、他の穀物が劣性の価値観を与えられて私たちの食生活の歴史は展開してきた。[*17]

雑穀研究を推進してきた阪本寧男は、古くから栽培されてきたアワ・キビ・ヒエが、なぜ雑穀と呼ばれているのかと疑問を呈し、見直される価値のある穀類であると指摘している。[*18]

*16　堀田吉雄『日本の民俗 三重』第一法規出版・一九七二。

*17　増田昭子「雑穀の優劣観」『食の昭和文化史』田中宣一 松崎憲三編著・おうふう・一九九五に詳しい。

*18　阪本寧男「雑穀とは」『雑穀研究』一・雑穀研究会・一九九一。

コラム

【林宏の調査ノート】

林宏先生は京都市内に住んでおられた。奈良県の文化財保護専門委員として、民俗部門の指導をしていただいていたので、文化財指定の件などで何度もお宅に伺った。大学ノートの片面ずつに、デスクペンで克明に書かれた努力の結晶である調査ノートを「これ持って行きなさい」と貸してくださることもあった。用件が済んでも、いろいろ話をしてくださり、面白い場面では自分から大声で笑われた。

調査成果を本にすることに無関心だった先生が、ようやく出されたのが、本書で碑のことなどを引用した『吉野の民俗誌』だった。巻頭で奥吉野の果無《はてなし》山脈を目にした時の感激を記された後、自ら描いたスケッチや地図を豊富に入れて、「山の訪問者」「山の人生」「失われた山の人生」など吉野での暮らしや農林業などが丹念に描かれ、人の世界である「サト」が、厳しい空寂の世界の「ヤマ」になっていくのを、「サブシュウテサブシュウテ居たたまらん気持ちになる」という老人の嘆きの言葉で、この本は終わっている。

日本一広い村である十津川村の教育委員会が、国指定文化財を目指して山の民具の収集と整理を何年もかけて行っていた時、これを担当していた私は、先生の十津川村の民俗採訪ノートを村で出版できないかと当時の勝山毅教育長に持ちかけ、幸いにも賛同を得ることができた。民具は一九九一年に「十津川郷の山村生産用具」(三一七四点)として、国指定重要有形民俗文化財となり、国や県の補助も受けて立派な収蔵庫も新築された。先生のノートは、『林宏 十津川郷採訪録 民俗』(全五巻・十津川村教育委員会・一九九二〜九六)となった。収蔵庫の前には「祖先《おやびと》の 生計《たつき》助けし 種々《くさぐさ》の 器《うつわ》に偲《しの》ぶ 山の苦楽を」という先生の歌が石碑に刻まれている。

第三章
茶粥

一　粥食

主食

人の暮らしは、土地や職業、家族や男女の別、立場や年齢、地位や経済状態、健康状態、思想や指向などにより、さまざまな局面がある。そうして営まれる普段の暮らしで、一日二食の人もいるかもしれないが、断食でもしていない限り、食べることつまり食生活を欠いては、日々の暮らしは成り立たない。

食生活には「食料」が必要となる。食料の中で、日常の主な食料となるものが「主食」であり、主食に添えて食べる物が「副食」、いわゆるおかずである。主食は穀類が一般的であり、これがメシ（飯）で、米であれば米のメシ、麦であれば麦のメシとなる。他にもいろいろな穀類があることは第二章で触れたが、日本では広く米が主食と考えられてきた。

しかし実際に、大半の人々が米を常食することができるようになったのは、一概には言えないものの、昭和三〇年代以降であるといわれる。栄養学・食物史家の篠田《しのだ》統《おさむ》（一八九九〜一九七八）は、「日本の農民が一様に白米の銀めしを食べるようになったのは、この十年来のはなしで、少し前までは東国はかて飯、西国は粥で米の不足をおぎなっていた。瀬川清子の『食生活の歴史』（一九五六年）には現実に明治・大正頃まで行われていたかて飯の例がたくさん出ている。ごく大ざっぱにいうならば、水田が普及し、人口の稠密《ちゅうみつ》な西国では米の不足を水でおぎない、畑の多い東国ではかて飯や雑穀にたよっていた、とみてよろしかろう。[*1]」と述べている。

*1　篠田統『米の文化史』社会思想社・一九七〇（原著は『米と日本人』角川書店・一九六二）。

強飯と姫飯、固粥と汁粥

米飯の調理法には、古くから甑《こしき》で蒸した強飯《こわいい》と鍋で煮た姫飯《ひめいい》があった。蒸したものが「飯《いい》」で、古代の節会《せちえ》の饗膳《きょうぜん》に供される儀礼食的な意味合いの強いものであった。これに対して、煮て作るのが「粥」で、これが庶民の常食的な食べ物であったとされる。粥には水分の少ない「固粥《かたかゆ》」と水分が多い「汁粥」があり、固粥が現在の飯にあたり、後者の汁粥が現在の粥にあたる。

中世以降はこの固粥が貴族・武士社会に一般化したが、それ以外の階層は雑穀中心の飯や汁粥が日常の食であった。武士でも下級武士は異なっていた。石田三成《いしだみつなり》に仕えた武士の娘が、幼い頃のことや慶長五年（一六〇〇）の関ヶ原の戦いの折、大垣城《おおがき》での体験を老年になって語ったことが『おあむ物語』として伝わっている。そこでは、家中の女性が天守閣に集まり、鉄砲玉を鋳たり、討ち取った敵の首を集めて、お歯黒を塗って賞翫《しょうがん》し、首の血なまぐさい所で寝たものだと凄まじい経験を述べている。また幼少期を思い起こして、こうした戦さ続きのため知行《ちぎょう》二〇〇石取りの家族でも食生活は豊かなものではなく、朝夕は雑炊を食べていたという。「おれが兄様は。折々山へ。鉄砲うちに。まゐられた。其ときに。朝菜飯をかしきて。ひるめしにも。持れた。その時に。われ等も菜めしをもらうて。たべておじやつたゆゑ。兄様を。さいくすゝめて。鉄砲うちにいくとあれば。うれしうて。ならなんだ。」と述懐している。朝夕雑炊ばかり食べており、菜を炊き込んだ飯が食べたくて兄の鉄砲打ちを促していたというのである。[*2]

米を精白してふんわりとした白米を日常的に主として炊くようになったのは江戸時代からのことで、それも都市の非農業民から始まったといわれる。

汁粥には、米だけでなく、麦・粟・稗などの雑穀が用いられ、白粥・茶粥・粟粥・栗粥・橡粥・小豆粥・豆粥などさまざまな種類があった。[*3]

二　茶粥のあらまし

粥食の中にやや特殊な茶粥がある。茶粥を食べた経験のある人は、オカイサンやチャガユという言葉だけで、即座に次々いろいろな回想が始まる人もいるだろうし、何の意味も感慨も持たない人もいるだろう。茶粥は決して全国的に食べら

＊2　中村通夫・湯沢幸吉郎校訂『雑兵物語・おあむ物語』岩波文庫・一九四三。

＊3　『古事類苑』飲食部六・粥、『日本史小百科』近藤出版社・一九八三他。

れている食べ物ではないが、かといって局地的な食べ物でもない。米と茶というわが国の食文化を代表する二つの要素が結び付いた食べ物だ。では茶粥とはどんなものなのか、具体的にどのようにして作られて、どのように食べられるのか、また本来別物の「茶」と「粥」がいつ頃どのようして結び付いたのか。さまざまな局面や問題があるが、茶粥を食べ続けてきた人には、あまりにも自明のことも含めて、茶粥の実態から見てみたい。

俗に「京の白粥、大和の茶粥、河内のどろ食い」などと言われたが、京都でも白粥ばかりでなく茶粥も食べられる。大和は後で述べるように茶粥の普及率は高く、白粥は病気の時に食べるという所が多い。最後の「河内のどろ食い」というのは、大和と京都はサラサラの粥で、河内では泥のように固く炊くとか、茶粥に裸麦を煎って粉にしたハッタイ粉(コバシ)を混ぜてドロドロするからだとか、また河内ではハッタイ粉に塩を入れて湯でこねて、これを茶粥に入れて真っ黒い泥のようにして食べたからだともいう。

大和は茶粥を一日のうち繰り返して食べていたことで知られる。毎日食べるとはいっても、中身は季節により当然変化もする。シュンシュン(旬々)の物を混ぜながら、工夫をして単調さを防ぎもしたのである。

その呼称もチャガユ・チャガイ・オカイサン、また単にオチャとかオチャチャ、

茶粥をよそう(奈良市・八百屋「ろ」)

またセンチャなどいろいろの呼び方があった。一般的には焙《ほう》じた番茶や粉茶（ドロコ、焙じ茶の粉になった茶、焙じ粉茶とも）など自家製の茶を用い、木綿のチャンブクロ（茶袋）に入れて、よく煮出してから袋を引き上げ、洗った米を入れて差はあるが二〇分程で炊き上がる。米と水の割合はさまざまで、米一合に対して水五から六合くらいの割合、もっと水を多くして米一に対して、水八から一〇くらいとする例もある。粘り気をあまり出さずにあっさりと炊く。米だけではなく、もちろん麦（大麦）や稗や粟を用いることもあった。朝夕二食が茶粥で、昼には米に麦の入った飯だった。家の経済状態でこの米と麦の混合率は変わる。混合比が米七に麦三ならよいほうで、半々や、また米四に麦六というのもあった。

ただ、富農は米ばかりを食べていたかというとそうでない場合もあったようだ。「富農も麦を食べないと冥加《みょうが》に悪いといって麦を食べた」というのだ。[*4] 富農といえども、神仏の恩恵を得るためには、周囲と際だった裕福な暮らしをしないという村落共同体の成員としての倫理観も持っていたのかもしれない。

辻嘉一《つじかいち》（一九〇七〜八八）が自分の料理本に引用する茶粥の作り方がある。著者は大久保恒次《おおくぼつねじ》（一八九七〜一九八三）で、朝日新聞社勤務の食通として知られ、多くの食べ物関係の本を書いている。

＊4　岸田定雄「奈良の郷土料理」『週間朝日百科　世界の食べもの　日本編　滋賀・三重・和歌山・奈良』朝日新聞社・一九八二。

家々によって、その濃度は違うが、まず米一に対して水八から十くらい。洗ってすぐ強い火にかける。茶は土粉《つちこ》といって粗末な粉茶で、奈良県の村々で八百屋が売っている。この土粉を茶袋《ちゃんぶくろ》に入れて、ともに煮る。沸騰してきたら汁をこぼさぬように団扇《うちわ》であおいだり、シャクシで汁をすくってはかえして上表面を冷ます。米粒がふくらんで腹を割ろうとする寸前に塩加減をして火からおろして蓋をせずにムラす。食べごろは約五分間くらい。急いですするのである。間のびした粥は食べられやしないと言う。[*5]

具体的にどこの事例とは記されていないが、水の分量から沸騰してからの杓子で掬う様子など、簡潔にして要を得た説明である。

米一合に水五から六合、またはそれ以上の八合から一升の水で炊くのだから、倹約のため水増しした食べ物といえる。茶粥の写真を見ると、茶碗の中に茶色くなった米粒が盛り上がって見えることが多いが、かってはそんなものではないとよく聞いた。「目の玉が映るくらいの茶粥」だったという。「目の玉が映るくらいの茶粥」とは、茶粥の表面が汁気ばかりで、箸でかき回してやっと米粒が見えるぐらい米が少ないという意味である。そこでさらっとしたのがいいのだとしつつもそれなりのとろみも必要となり、さまざまな工夫を凝らして満腹感もあるように、

＊5　辻嘉一『滋味風味』中央公論社・一九八一、大久保恒次『うまいもん巡礼』六月社・一九五六から抄出。

また腹持ちもいいように、いろいろな混ぜ物をして風味ある食べ方にするべく手を加え続けてきたのが、庶民の食べ物としての茶粥だった。その炊き方にもさまざまな方法があった。

茶粥の全国的な分布については、昭和三七年から三九年(一九六二〜六四)にかけて都道府県教育委員会が実施した民俗資料緊急調査の成果をまとめた『日本民俗地図IX 食生活』(文化庁・一九八八)というものがある。それによると、午前の間食におかゆ・茶がゆをとる所として、奈良・和歌山県を中心に、大阪府南部・京都府南部・三重県西部があげられている。また中村羊一郎は、茶粥を食べる地域として「東海地方のごく一部のほかは近畿地方から西に限定されている。九州では佐賀県や福岡県の一部にある程度で、四国には茶粥という表現がない。[*6]」としている。

三　大和の茶粥

茶粥の代表のように評される大和の茶粥の実態をまず探ってみたい。最近はあちこちで茶粥が紹介されるが、作り方をみると結構バラバラなのが現実である。同じ奈良県内でも土地により、家により炊き方は各種あり、一つの事例でその土地

＊6　中村羊一郎『番茶と日本人』吉川弘文館・一九九八。「食べるお茶—茶粥・尻振茶・振茶について—」(『全集 日本の食文化』第六巻・雄山閣出版・一九九六)には分布図が添えられている。

の茶粥のありかたがすべて分かるわけではないが、こだわる所がそれぞれ異なり、大変興味深い。

奈良県内の普段の主食である茶粥は、チャガイまたはオカイサン、またオチャチャとも呼ばれた。昭和五五年から五六年にかけて実施された奈良県民俗緊急調査の結果を図化した『奈良県民俗地図』[*7]の「茶粥・押鮨」の項でも、ほぼ全県的な分布が確認されている。

茶粥の作り方や混ぜ物には、現実にはさまざまなバリエーションがあり、多様な「茶粥文化」といえるものを形作っているが、それに対応するかのように、史料的にも茶粥とは別物の茶飯が混在している。「宿茶に塩を加へ冷飯を再炊し粥となして専《もっぱ》ら食之、号て茶かゆと云」[*8]や「茶の煎じ汁で冷飯を再炊した粥」[*9]など、冷飯を粥にする方法もある。

県内で一般的に言う茶粥は、木綿のチャンブクロに焙じた番茶を入れ、よく炊き出してからチャンブクロを引き上げ、ここに洗った米を入れ、粘り気をあまり出さないようにあっさりと炊くというものが多いようである。米とチャンブクロを同時に入れるとか、粥の粘り加減や塩を入れるか入れないなど実際の炊き方は、地域により家庭によりさまざまな変化がある。

奈良県の茶粥調査は、まず昭和一六年三月に食糧報国連盟本部から刊行された

＊7　『奈良県民俗地図―奈良県民俗文化財分布緊急調査報告書―』奈良県教育委員会・一九八二。

＊8　喜田川季荘(守貞)『類聚近世風俗志　原名守貞漫稿』日本図書センター・一九七七の食類より抄出。

＊9　前田勇編『近世上方語辞典』東京堂出版・一九六四。

『郷土食の研究（奈良県下主食物之部）』がある。奈良県女子師範学校の家事科が夏期休業中の生徒の家庭の状況を調査したもので、当時のまとまった成果であるが、後述したい。

また谷阪智佳子の『自家用茶の民俗』（大河書房・二〇〇四）では、自家用茶の利用の一つとして、茶粥の伝承事例が調査され、「茶粥＝米中心の茶の粥」ではなく、「茶粥＝さまざまなものを茶汁で煮込んだもの」「茶汁をベースにした穀物等のスープ食」といえるのではないかと新たな茶粥の概念を提示している。

これらの成果を始め、その他の文献資料など基礎的な資料を可能な範囲で集めて、改めて大和の茶粥を考えてみたい。（その表記は資料により統一されていない。）

焼餅入りの茶粥（奈良市・八百屋「ろ」）

奈良町の茶粥（奈良市）

第一章で紹介した宮武正道は、昭和八年に柳田国男などが編集にかかわった雑誌『旅と伝説』に「奈良茶粥の事」という小文を投稿している。[*10] そこで「奈良茶粥の特色とする所は、其の味が白粥（シラカイ）の様にねばねばせずにアッサリしてゐる所に有ると思ふ。従つて一般に奈良茶粥は白粥をたく時より多少水を多く使つてゐる。通常水と米との割合は一と七位《くらい》が適当ではないかと思ふが、水分の多いのを好む方もあれば、又かたいお粥を好く人もあるから一概には言へない。」

＊10 『旅と伝説』六三号・三元社・一九三三。

としている。

そして茶粥の炊き方は地方によって差異があるとして、「僕の家のやり方は、先づ上記の割合で米と水とを釜に入れ、其の中に茶袋（チャブクロ）に茶を入れたのをほうり込んで火をつけるのだが、現在僕の家で使つてゐる釜はアルミニューム製で、茶袋は布で造り、中に入れる茶は普通の番茶で、ガス火を使つてゐる。茶を入れて炊いたお粥はひきしまつており、とろとろしないのが特徴であるから、之を炊く場合とろつかせない様にせねばならない。弱い火で長く炊くと、とろついて来るから相当強い火で炊く方が良い。」としている。

県内郡山町（現大和郡山市）の林吉之助は、奈良茶粥には番茶ではなく玉露《ぎょくろ》を使うのが正式で、その場合は「初めから茶を入れて置いて火をつけると茶が出きつて苦くなるから、お粥がふき出た時に初めて茶袋に玉露を入れる様にせねばならないということである。」とある。

また吉野郡丹生《にゅう》（現下市町）では「茶釜にお茶をわかして置いて、白粥を炊き、それが吹き出した時に、先に茶釜に沸かして置いた茶を杓子で入れるのである。此の場合には最初水かげんを少し減らして置く。」という風変わりな炊き方もあることを紹介している。

宮武自身の好みとして、「朝に炊いた茶粥を昼ぬくめて食べるのもなかなか捨て

茶粥の食卓。水の量により米粒が見えないこともある。

難い所がある。僕は朝炊いた粥を昼に一度ぬくめ、晩にまた一度ぬくめて食べるのが、炊きたてを食べるのよりもおいしいと思ふ。尤《もっと》も度々ぬくめると、とろついてはくるが。」と自分の茶粥の好みがあっさりではなくむしろ何度も炊いてこなれたものがいいと吐露しているのも興味深い。県の北部、奈良市西御門町（現在の近鉄奈良駅周辺）の大店《おおだな》の墨屋で、昭和初年頃既にガスやアルミニウム鍋が普及していることが分かるとともに、茶粥の味に対する嗜好がよく分かる珍しい一文だ。

田原の茶粥（奈良市）

奈良市田原地区茗荷《みょうが》町の岡井稲郎さん（一九三六年生まれ）宅の茶粥の作り方は次の通りである。自家ではオカイサンという。他所の家で茶粥を食べる時は「オチャ（チャ）よばれよか」というように、単にオチャとも呼ばれていた。

①オカユに移り香がつかないように雪平《ゆきひら》（行平）鍋（陶製の蓋付き鍋）をきれいに洗っておく。

②米ぬかの匂いがなくなるまでよく研ぐ。米の味がなくなるので、素早く洗って、水気をよく切る。

③洗った米を、米の五倍の水を入れて三〇分ほど漬けておく。

炊き立ての茶粥（奈良市茗荷町の岡井家）

④自家製のタタキバンチャ（叩き番茶）を入れたチャンブクロを入れて、初めは中火で炊き、沸騰したら弱火にする。雪平鍋の蓋は箸を挟んで少し開けておき、四〇～五〇分炊く。

⑤炊き上がると火を止めて、塩を好みの量入れて、蓋をして四～五分蒸らす。

途中で差し水をしたり、かき混ぜたりするとおいしくなくなる。朝に茶粥にすることが多かった。夏は冷やしたサラサラした茶粥、冬は暖かくコッテリした茶粥がいい。

用いる叩き番茶は一一月頃、茶の木から三〇センチほどの小枝ごと葉を刈り取り、これを大釜でゆでる。色をよく見ながら茶色になったら引き上げて水を切り、天日で二日ほど干す。カリカリになったものを、ムシロに挟んで、木槌で叩くと細かい葉が取れる。これをホウラクで炒る。炒り過ぎると焦げ臭くなり、炒り足りないと青臭くなる。ちょうどよい少し前に新聞紙などに茶葉を広げる。これを瓶などにためておく。残った茶の枝はカマドの焚き付けなどに使う。

岡井家ではこのように主に雪平鍋を用いて茶粥を作っていた。季節によって芋などいろいろなものを入れた。茶粥を冷やご飯にかけて、古漬けの漬物などで食べた。腹痛時には、祖母は竹炭を薬研《やげん》で粉にして一緒に食べさせたという。「茶粥

オカキを入れた茶粥（奈良市茗荷町の岡井家）

ばっかり食べてると頭三遍振ったら腹が減る。」などと腹持ちの悪さを言った。

斑鳩の茶粥（生駒郡）

奈良盆地西部の斑鳩町岡本では、食事は併せて四回ある。朝ハンは早朝五時頃、オカイサン（茶粥）にコウコ（香の物、大根の漬物）、梅干し、コブの佃煮など。カマドの一つに平たい大きな釜を据え、枯れ葉を入れてオカイサンを炊く。米二合に水一升。晒し袋に番茶を入れて一緒に炊き、サワサワのオカイサンを作る。サワサワの状態のオカイサンとは、コッテリではなく、アッサリの意であろう。酒を少し飲む場合にも時にこの言葉が使われ、県東北部の大和高原で「サワサワと飲む」という表現を聞いたことがある。

昼飯は米八、麦二の麦飯などを食べる。午後二時頃にケンズイ（間食）として、昼の残りの麦飯などを食べる。そして午後六時から七時頃にユウハンがあり、やはり米二、麦八の麦飯[*11]である。

田原本の茶粥（磯城郡）

盆地中央部の田原本町《たわらもとちょう》阿部田《あべた》でも茶粥をオカイサンという。米から炊くのを米オカイ、煮立った茶に残りご飯を入れたものを入れオカイという。暑い夏は、ご

ハッタイ粉をふりかけた茶粥
（奈良市茗荷町の岡井家）

＊11　『聞き書き 奈良の食事 日本の食生活全集㉙』農文協・一九九二。

飯も傷みやすいので、残りご飯を竹ザルに入れて、ふきんをかけて井戸の中に吊しておく。においがするようになったら、水で洗い、茶を煮上げた中へ入れて入れオカイにする。

茶粥は番茶でさらっとしたのが特徴で、米粒が割れるくらい炊くと粘り気が出るので、気を付ける。釜で炊く茶粥はおいしいが、鍋で作るとおいしくない。塩味が付いていてさらっとしていて熱くなくてはならない。熱い茶粥の上から、ハッタイ粉をかけると香ばしさと甘さで食欲がわく。カキモチ、キリコ、モチ、冷やご飯、サツマイモなどを入れて、ツケ茶粥にして食べる。

①竈で釜に一升五合の湯を沸かし、木綿のチャンブクロに番茶を入れて色よく煮出す。
②チャンブクロを引き上げ、洗った米を三合入れて煮る。
③煮返ってきたら、割木を一本にして、吹きこぼれない程の弱火で、二〇から三〇分炊く。
④吹きこぼれないように、木しゃもじで上下にかえして、クタビレさせる。
⑤炊き上がったら火を全部引き、蓋をして蒸らす。最後に塩を入れると、実(米)がふやけず、さらっとした茶粥に仕上がる。[*12]

＊12　『聞き書き 奈良の食事 日本の食生活全集㉙』農文協・一九九二。

葛城の茶粥（葛城市）

葛城《かつらぎ》市に住んでいる橋本一弘さん（一九三四年生まれ）夫婦は、今も毎朝作るという。六〇年以上前の祖母がいる頃は、薪を使ってカマドで炊いていたが、いまは番茶のパックを使って、鍋とプロパンガスで炊いている。

直径一六センチの鍋に水を九〇パーセントほど入れて、気泡が出て温まってきたら、アッサリ洗った米をカップで五〇ｃｃ入れて強火で炊く。一度吹き上がったら、吹きこぼれないように火を調整しながら一〇分ほど炊き（昔、釜で炊いていた頃は、吹き上がればシャモジでかき混ぜるのではなく、何回も掬い上げながら吹きこぼれないようにしていた）、あまり粘りが出ないうちに茶（番茶のパック）を入れる。一五分から二〇分で炊き上がる。途中、茶の出具合が好みの色になった時に茶袋を引き上げる。火の強さにより少し固めに出来上がった場合は水ではなく少し湯を足すが、好みの粘りが出たところで火を消し、適量の塩を入れて仕上がりとなる。

粘ってから茶袋を入れると茶の色と香りが出にくくなる。茶粥が残った場合、ガスの火で温めると茶の色が変わるが、電子レンジで温めると茶の色は変わらない。新米と古米の違いも多少考慮して作る必要がある。

ガスを使った現代的な炊き方がよく分かる。茶袋を入れるのが、米が一度吹き上がってからというのが特色で、好みの粘りを考えて作る様子が分かる。

御杖の茶粥（宇陀郡）

宇陀郡御杖《みつえ》村神末《こうずえ》では、麦茶粥であるが茶粥と呼ぶ。米とヨマシた丸麦（大麦）を用いる。米だけでは頼りないという。

前夜に丸麦を洗って、水に浸け、一時間くらい炊いておく。前夜に一度炊いておくことをヨマスという。季節に応じてカボチャ、二度芋、里芋、サツマイモ、そら豆、栗などを入れる。炊きあがった後、急速に冷やすと米がふやけず、しまって格別な味になる。炭焼きの時など、山小屋で炊いて、小川で手早く冷やして食べるのは最高においしい。杓で掬うと「たらーと実（米粒）が蜂の子のようにつながって落ちる」ような状態がよい。

①ヨマシた丸麦三合と米一升二合を一緒にする。
②番茶をチャンブクロにたっぷり入れて、カンス（茶釜）で煮出す。
③煮出した茶汁と米と麦を鍋に入れて、三〇分ほど炊く。蓋をしないで炊く方がおいしい。
④薄茶色のどろっとした炊き上がりだが、口当たりはさらっとしてのどごしがよい。[*13]

＊13　『聞き書き 奈良の食事 日本の食生活全集㉙』農文協・一九九二。

東吉野の茶粥（吉野郡）

私が初めて茶粥を食べたのが吉野郡東吉野村大豆生の西上家であることは第一章で記した（三二頁参照）。同家の桂子夫人から聞いた作り方は、次のようなものだった。

米を加えてから一五分くらいで出来上がるが、硬い米なら二〇分ぐらいかかる。チャガユはあまりサラサラしていてもおいしくなく、少し粘り気があった方がいいという。かき混ぜると米に傷が付いて煮上がりやすい。火が弱いとふやけてしまう。炊きすぎて完全に米が開いてしまうとおいしくない。夏は出来上がってから蓋をしたままにすると米が開いてしまう。茶はよく炊き出して濃い方がよい。冷えた茶に米を入れて炊くのはよくない。沸騰した茶に入れて炊くのがよい。

などと作り方には何かと細かな気遣いをしている。昔はカンス（茶専用の釜）で一日分の茶を沸かしておいた。三度ごとにチャガユを食べていたので、元はもっと大きなチャンブクロを使っていた。また、昔はチャガユにヒエも入れて食べていたという。食べる時、盛ってから時にハッタイコをふりかけて食べることもあった。コオバシくておいしかった。またチャガユには、ジャガイモやサツマイモを入れることもあり、この時には塩を入れた。

①大匙に山盛り二杯くらいの番茶をチャンブクロ（ガーゼを二枚重ねにしたり、晒木綿で横一〇センチ、縦一二～一三センチ位の袋を作り紐を付ける）に入れて、これを五、六合の水に初めから入れて（沸騰してから入れてもかまわない）、十分に炊き出す。

②茶を炊き出しているうちに、米一合を洗っておく。早く洗って置いておくとよくない。

③鍋からチャンブクロを取り出し、炊き出した茶汁に米一合を入れる。

④吹きこぼれない程度に強火で手早くおなじ調子で炊く。時々かき混ぜる。蓋は開けたまま。塩は入れない。

⑤米が完全に開ききらないうちに、七～八割ぐらい膨らんだ時に、さし水をして煮沈める。

⑥そのまま強火で炊いて、煮上げる。出来たら冷ましながら手早く食べる。

（材料）二人分、米一合、水五・六合、茶（焙じ茶）、チャンブクロ

大塔の茶粥（吉野郡）

大塔村（現五條市）へ昭和五三年に初めて訪れた時には、まず斜面に立地する集落の姿に驚いた。一月二五日には集落上方の山の上にある天神社で、美しい手振

りの篠原踊りが奉納される。

篠原で暮らし、今は橿原《かしはら》市に住む戎谷一六代さん（一九五二年生まれ）は、毎年篠原踊りを踊っていた方である。茶粥をオカイサンとも言い、一日一回夕方に、茶葉を入れたチャンブクロをヤカンに入れて沸かしておき、これを翌朝、茶濾しで濾して大きい平鍋に入れて沸かし、水洗いしない米を入れて炊いていた。カマドから離れずにシャモジで絶えず混ぜる。大きな泡が出て、何分かしたら小さな泡になり、粘りが出てくる。鍋の大きさによるが、これを別の鍋に移して混ぜる。火加減は初めから終わりまで強火のままで炊く。できると冷水に鍋ごと五分間ほど浸けてから食べる。茶は自家で摘んだ茶を使用し、餅・オカキ・アラレ・サツマイモ・小豆（小正月）などを入れる。コンコ、白菜やキュウリの漬物、佃煮などで食べる。昔は一日六回食べていた。茶粥はさらっとしながら少しネバリがあるのがいい。今も時折体が疲れた時などに梅干しなどと食べている。

川上の茶粥（吉野郡）

吉野郡川上《かわかみ》村でもオカイサンと呼んでいる。山行きの人はご飯を弁当に持って行くが、家族の主食は茶粥である。茶粥は米の良し悪しでおいしさが違うといい、上等の米がいいというわけではなく、茶粥向きの米があるという。

五條市大塔町篠原の集落

瀬戸の集落では昔、茶が少ない時には、芽吹く頃のカシの葉やカワヤナギの葉を代用した。「茶炒りは夕方にするな」という言い伝えもある。オカイサンに焼いたトチ餅を入れる人もいる。また家によって、冷や飯で作ったり、茶と米を同時に入れる人もある。

①米は一回だけサッと洗う。
②ホウロクで香ばしく炒った自家製の番茶をチャンブクロに詰める。
③口を閉じたチャンブクロをよく揉んで、茶葉を砕いておく。
④水をはった鍋にチャンブクロを入れて炊く。二合の米に二八〇〇ｃｃの水が必要。
⑤点火し番茶を煮出す。途中アクを丁寧に取る。
⑥沸騰したら米を入れる。チャンブクロは取り出す。茶粥は強火で炊く。とろとろの弱火はだめ。塩を入れる家もある。
⑦途中アクを取る。時々オタマ（杓子）で掬い上げて、米を空気に触れさせるのがコツ。
⑧米が咲かないうちに、火から下ろして完成。直前に差し水をして、一気に温度を下げる家もある。[*14]

トチ（橡）の実

＊14　黄瀬桂子「川上村のオカイサン 川上村見聞録⑩」『ぽたり』第一三号・森と水の源流館・二〇〇七。

十津川の茶粥（吉野郡）

吉野郡十津川村出谷《でだに》では、初めから終わりまで、強火で炊くのがよいという。茶が足りなければ、秋に拾ったカシの実を石臼で粉にして入れると茶と似たような色が付く。真夏でも熱い茶粥をムギカイ（麦粥）や麦飯にかけて食べる。キビ（ナンバキビ）の粒を入れたキビガイ、トウキビの粉を団子にして入れたトウキビガイ、薄い茶に粘りを持たせるために、炊き上がりの際にそば粉を一摑み入れてかき回すソバガイもある。ホイモを入れたイモガイもある。

①八分目ほど水を入れた四升の鉄鍋に茶を一摑み入れた茶袋を入れて沸かす。
②煮出して黒いくらいの赤い色にする。米を入れると香ばしさがでない。
③茶袋を長い箸で絞って取り出し、水を差し、六合の米を洗わずに入れる。
④強火で炊いて、汁がねばくなって泡が立ちだしたら炊き上がりの目安。
⑤塩を一つまみ入れて、ヘッツイ（竈）から下ろす。吹きこぼれそうになっても団扇などで泡を静めるのがこつ。村内各地で茶粥は食べられている。[*15]

田中敏子『大和の味』の茶粥

料理研究家の茶粥の作り方をあげてみたい。若羽《わかばね》調理専門学校を創立した田中

＊15 『聞き書き 奈良の食事 日本の食生活全集㉙』農文協・一九九二。

敏子（一九一七〜二〇一二）は大和郡山市生まれで、一九八八年に『大和の味』を刊行して奈良県内の食文化の概要をまとめ、県内食文化の存在を知らしめる先駆的な役割を果たした。

茶粥や茶飯について「茶粥や茶飯も、大和茶によって奈良時代から常食とされてきた」とし、東大寺お水取りの茶粥を「大和では千二百年前から、あるいはそれ以前から茶粥が食べられていた」としているが根拠はなく、この記述が安易に引き継がれ、茶粥は奈良時代以来とする類書や情報が散見されるのは残念である。

①鍋に水を煮立て、焙じ茶を入れた茶袋を入れ、洗い米を入れて炊く。

②かき混ぜすぎると粘り気が出るので、杓子で時々上下に返すくらいにし、表面の泡は掬い取って除く。

③米粒がふっくらとして芯がなくなった時、火より下ろして、しばらく蒸らしておく。

④茶袋は茶の色が適当に出た時に取り出すが、最後まで入れておいてもよい。途中で塩味を付ける。

茶袋を使用しない時は、煮立った水に焙じ茶を直接加え、炊き出して濾してから米を入れて炊くが、香りは弱い。

（材料と調味料）米一カップ（一五〇グラム）、水一〇〜一二カップ、焙じ茶一カップ、塩小さじすりきり一〜一杯半[*16]

高田十郎の茶粥調査

大正時代の報告として、高田十郎（一八八一〜一九五二）の調査をあげたい。高田は奈良学研究の草分的な郷土史家で、茶粥についても詳しく調べていた。

高田は孔版刷りの個人雑誌『なら』を大正九年から昭和八年（一九二〇〜三三）まで五七号にわたって刊行した。それが近年、地名研究家池田末則（一九二二〜二〇一二）の尽力で改めて刊行され（『なら 高田十郎雑記』全三巻・クレス出版・二〇〇四）、茶粥について二回報告を行っていることが分かった。以下長くなるが示したい。

茶粥ハ、大和ソノ他付近デノ常食デ、ココデハ普通ニ「オ茶」トヨバレ、体育上、教育上久シイ問題ニナッテ居リ、随分ソノ廃止ヲ議スル人モアルガ、ナカナカ理屈ダケデハ動カナイ。ノミナラズ、コノ地方ノ生活趣味ノ中心ハ実ニ茶粥ニアルトモ云ヘルノデ、以前ニ住ンダ家主ノ妻君ハ「オ茶々」クラヰウマイモノハナイ、又、コレクラヰ金ノカカルモノハナイ、「官員サンハ、ヨ

＊16 『大和の味』奈良新聞社・一九八八（改訂版、二〇〇一）。田中は大和郡山市生まれ。伝記に坂本照久『味は大和のつるし柿 食育一筋・田中敏子物語』燃焼社・二〇〇八がある。

ータカハラヘン」(俸給生活者ニハ、トテモタケナイ)ト気焔《きえん》ヲハイテ居タシ、一両年前、妻ガ、三度三度粥バカリデハ、私共他国人ハ、トテモ、ツヅカナイト云フ意味ノコトヲ言ッタノニ対シテ、隣家ノ老婆ガイカニモトイフ面色デ「カウ柴ガ高ウチャ、オ茶々モタケマスマイ。」ト、方角違ヒノ同情ヲシテシマッタコトモアル。普通ニ、朝食ニ粥ヲ作リ、中食ニハ普通ノ飯ヲ炊ク、「オカズ」ヲ煮ルノモ、普通ニハコノ時デアル。夕食ハ「ヒル」ノ残リノ冷ヲ茶ヅケニスル。時ニハ補充トシテ粥ヲ作ルコトモアル。「オ茶々」ノ作リカタニモ、家ニヨッテ異同ハアルガ、最モ自慢デ、親戚間デモ評判トイハルル或家ノ方法デハ、茶ハ「ドロコ」ト称スル粉茶ヲ用ヒテ、晒木綿ノ袋ニ少シバカリ入レル。之ヲハジメカラ釜ニ投ジテ、ホトンド粥ノ出来上ルマデ置イテ、引出ス(早ク出セバ味ガマヅクナル)。ソコヘ、スグニ塩ヲ投ズルト云フコトニスルノダ、トアル。[*17]

茶粥ノコト(再ビ)前号ノ此編ノ(4)ニ、茶粥ノコトヲ言ッタガ、猶言フベキコトガアル。彼処ニハ、普通ニ茶粥ノ作ラレル時ヲノベタケレドモ、アレヨリモ一層普通ナノハ、朝夕二度ニ粥ヲ作リ、飯ハ中食ノ時ダケニタクコトデアル。ソシテ、朝夕ニハ、残リノ「ヒヤメシ」ニコノ粥ヲカケテ、「茶ヅケ」ノ

＊17　高田十郎「大和習俗雑話(其二)」『なら』第一号・一九二〇。

ヤウニシテ食フ。或ハ、中食ノ温イ飯ニモ、朝ノ残リノ冷粥ヲカケテ食ッタリスル。コンナ場合ニハ、其飯ノコトヲ「カケゴゼン」ト呼ブ。随ッテ三度ノ食事ノウチ、朝夕ハ殆ド「オカズ」ト云フベキモノガナク、アルノハ、中食ノ時ダケデアル。但、晩酌ヲヤル人ナドハ此限リデハナイ。町ト田舎トニヨッテ、多少ノ相違ノアルコトハ何事ニツケテモ珍シクナイ。田舎ノ農家ナドデハ朝カラ沢山ノ茶粥ヲタイテオイテ、三度トモ、ソレヲ用ヰタリスル。山働キニユクノニ、「チャビン」(薬罐)ニ「オ茶々」ヲ詰メテ、弁当ニサゲテ出ルナドモ、珍シクナイ例デアル。ハゲシイ労働ヲスル人ナドニハ、朝カラ普通ノ飯ヲ食フノモアルガ、特ニ「三度メシ」トイフ語ガアルコトヲ見テモ、茶粥ノ普通ナコトガ察セラレル。茶粥ノツクリカタノ一例ヲ、前号ニ述ベタ。別ニマタ、カウ語ル人モアル。コレニハ本式ト略式トノ両法ガアッテ、上等ノ本式トイヘバ、ヤハリ、上等ノ茶ヲ茶袋デ煮出シテ、其汁ニ米ヲ加ヘテ茶粥ニスルコトデアル。前号ニ言ッタノハ、略式ノ法デ、普通ニ行ナハレルノハ、番茶ヲ袋ニ入レテ、米ト同時ニ、ハジメカラ釜ニ入レテ、粥ガ出来上ルト、茶袋ヲ引出シ、箸ナドデ押エテ、搾リ出ストイフ段取デアル。此地方ノ農家ナドノ「番茶」トイフノハ、茶ノ木ノ末ヲ鎌デ刈取ッタノヲ、適宜ニキザンデ、釜デ蒸シテ、乾シテ更ニ炮烙熬リシタモノデアル。[*18]

*18 高田十郎「大和習俗雑話(其二)」『なら』第二号・一九二〇。

四　ハナが咲く・入れオカイ・ドロコ

多様な炊き方

以上、前節では筆者の見聞を交えながら、土地ごとの作り方について丁寧な聞き取りを行った『聞き書き 奈良の食事』の事例も例示してみた。米に対する水の割合の違い、塩を入れるか入れないか、かき回し方、差し水するかどうか、蒸らす度合いなどを含めてどのような茶粥をおいしいと思うか、また粥に入れる物や食べ方など、奈良県内でも土地により家により、もちろん家の経済状態により、実にさまざまである。強火で炊き、サラッとしたものにするとしながら、それなりの粘り気を求める所もあり、なかなか各地各様のこだわりがある。

初めから茶袋と米を入れて炊く方法や、まず茶袋に入れた茶葉を煮出してから、後で米を入れるとする方法、また茶袋をどの時点で釜や鍋から引き上げるかも差異がある。

かつて勤務していた博物館で、茶作りの展示に、小さな茶粥のコーナーを新たに設けたことがある。ある日グループで展示を見に来た年配の男性たちに解説をしていると、「後でチャンブクロ洗うの、たいへんなんやぁ、ヌルヌルしてて。」とある人が言った。この人の家では、米を入れてもチャンブクロは入れたままにしているという。茶を煮出してチャンブクロをいったん引き上げ、それから米を入れるのではなく、チャンブクロを入れたままにする所もあるわけだ。当然それは茶粥の微妙な食感に影響をもたらす。

この茶袋に関して、吉野の上北山村から訪れた知人夫婦は、チャンブクロやコボンシャクという竹の杓子などを見ながら、うちでは茶袋を引き上げる時に、かき混ぜる坪杓子をひっくり返し（つまり掬う部分を下向けにして）、取り出した茶袋をその背の部分で箸でひねって茶汁を絞り出すと教えてくれた。煮出した茶汁を残らず利用するその方法を聞いて、茶が貴重品であったことや、茶粥を作る主婦の姿勢を展示で再現するのであれば菜箸と坪杓子も必要なことを悟った瞬間だった。後で調べると「おし付けて 茶袋しぼる しゃくの底」（雑俳撰集『当世俳諧楊梅』元禄一五年・一七〇二）という句があり、古くからの工夫であることが分かった。

チャンブクロを坪杓子の裏側で絞る

ハナが咲く

炊き上がりを見極める一つの目安として、「米が開く」「米のハナが咲く」という言い方をすることがある。これは強火で米を炊くため、水分を吸収して米の表面がはち切れるようになることで、茶汁で炊くために破裂部分に色が染み込んで肉眼でも識別できるような状態になる。これを「米が開く」とか「ハナが咲く」

などと形容し、これを目安にして火から下ろす時間が工夫される。茶粥を作る時はその場を離れず炊いた方がいいとされ、毎日のことながら、主婦はじっと鍋や釜と向き合っておいしい頃合いを見極めなければならないのがよく分かる。

入れオカイ

文献によっては、冷やご飯と茶汁で茶粥を炊くと説明していることもある。史料的にも茶粥と後に述べる茶飯が混在し、江戸時代の百科全書に「宿茶に塩を加へ冷飯を再炊し粥となして専ら食之、号て茶かゆと云」(『守貞謾稿』)と書かれたり、「茶の煎じ汁で冷飯を再炊した粥」(『近世上方語辞典』)など冷飯を粥にするものもあることは前述した(六九頁参照)。

もちろん冷やご飯から茶粥を作ることはできるが、生の米から炊いて作るのが一般的であり、米からではなく、ご飯(冷飯)から炊く茶粥を「入れオカイ」と呼んでいる。すでに炊いてある「ご飯」を茶汁に入れるからこう呼ぶのだろう。筆者も二日酔いの朝など、茶袋も使わず、鍋に焙じ茶の茶葉をそのまま入れて煮出し、簡単に濾してその汁に残りご飯を入れて即席の茶粥を作り、あり合わせの漬物で胃の腑を満たすことは何度もあった。胃に優しく水分補給もでき、塩を加えずとも不思議と味はあり、さらさらと食べられる。

ドロコ

茶粥には、米ばかりではなく、麦や雑穀類も用いられたが、芋類、豆類などの混ぜ物も行われた。麦を混ぜるとムギカイ（麦粥）となり、キビを混ぜるとキビガイで、芋を混ぜればイモガイと呼ばれることは、十津川村の所でも触れた。

茶粥を構成する要素は、この穀類と煮出した茶汁と混ぜ物とであるが、茶については自家製の茶を用いることが多かった。奈良市田原地区など茶の栽培地では、適期を過ぎた葉と枝で「タタキバンチャ（叩き番茶）」を作って用いる所もあった（七三頁参照）。町では茶舗から買うことが多い。

茶粥に用いる茶葉について、篠田統は「茶粥は、農村では自家手製の茶を、町家では茶粥むけの番茶のひき茶を買って来て、袋に入れて粥と一緒に煮出す。このひき茶は大和路の中小都市ではどこでも売っているが、見た目は色鮮やかに美しく、味はなく、香りは浅い、まことに妙な代物である。グツグツ煮るんだから、色さえつけば好いので、つまり濃くない方がいいのだろう。[*19]」と言及している。都市部の自家製の茶のない家では、こうした番茶の挽き茶が用いられたという。

かつて奈良県西部にあたる王寺町出身の植田啓司さんから、王寺町駅前の茶舗で「番茶の抹茶」を売っていたと聞いたことがある。白粥の上からも振りかけて使ったというが、こうした「ふりかけ茶」とも「インスタント茶粥」ともいえる

＊19　篠田統『米の文化史』社会思想社・一九七〇。

簡便な方法もあったのだ。橿原市今井町でもこの話は聞いたことがある。今井町では、茶粥は高くつくので、白粥が普通だったという。ご飯を粥にしたが、残った麦飯も粥にした。この白粥に抹茶を振りかけたという。[20]

かつて茶粥に抹茶を用いたという話も聞いた気がするが、これと符合する話だ。番茶の挽き茶であったのかもしれない。香芝《かしば》町（現香芝市）辺りでは、忙しい時には茶を煮出すのが面倒なので、茶を焙じて粉にしたのを匙一杯ずつ振りかけることもあったと岩井宏實は記している。労働とのかかわりの中で、茶粥の作り方にもこうした簡便な方法が用いられていた。

この番茶を粉にして用いることは、天川村塩野や下北山村寺垣《てらがい》内《と》から小型の茶臼が収集される過程で聞き取りがされている。その茶臼の臼目の切り方からみると抹茶のような微粉末ができるようなものではないという。[21] つまり粉茶といえるもので、こうした状態のものがドロコ（泥粉）、クダケチャ（砕け茶）だった。これはツチコ（土粉）とも呼ばれていた。「茶は、土粉と言って、大和のどこでも売っている粉茶（葉茶屋でなくてもカンブツ屋にも売っているのは、もっぱら茶粥用のため。）」と料理人辻嘉一は知人からの説明を自著で紹介している。[22] 奈良市内中央部でも焙じ茶を作る時にできる粉を焙じ粉茶として売られていることがある。こうした粉であれば時間も短くすぐに濃い茶色の茶ができる。茶袋に詰めた茶葉を鍋

＊20　八木幾太郎さん（一九二六年生まれ）談。お粥の時のおかずは、ツケモン（漬物、胡瓜と茄子の古漬け）で、コンコ（大根の漬物）もあった。ダイコと菜っ葉はそう食べられなかったという。厳しい生活をしている家がいっぱいあり、茶粥には涙が入っていると語っていた。

＊21　横山浩子「生活用具の中の茶臼」『奈良県立民俗博物館だより』九六号・二〇〇六。

＊22　辻嘉一『御飯の本』婦人画報社・一九六〇。

釜に投入する前に、よく揉むという所があるが、これも茶葉を少しでも細かくして早く濃い茶汁が出るようにする工夫である。

五　ツケ茶粥

茶粥の食べ方にもいろいろあった。冬はふうふうと熱々を吹き冷ましながら、また、人によってはまず茶碗に冷やご飯を入れておき、その上から熱い茶粥を注いで、食べやすくするということも行われた。夏は冷やして、といっても冷蔵庫のない時であるから、今のようには冷たくならないにしても、農作業の傍ら、桶に入れて田の水路で冷やすなど工夫がなされた。桶の吸い口から冷えた茶粥を吸ったのがおいしかったという。

また、粥の中に入れる物もいろいろあった。これは米に野菜類を入れて増量する、いわゆる粥主体のカテ飯ということになる。サツマイモはもちろん、里芋（小芋、ドロ芋）、餅、ヨモギ団子、小米団子、ハッタイ粉、そら豆などを入れた。またカキモチやオカキを割って茶碗に入れたりして、その上から熱い茶粥をかけると、しんなりとなり香ばしくていいという話を何人も聞いたことがある。実際これはやってみるとじつに風味があっておいしい。

奈良市内の田村青芳園茶舗で販売されている焙じ粉茶

茶粥にこうしたさまざまなものを入れて食べることを「ツケ茶粥」と呼んでいる。冷やご飯の上から熱い茶粥を入れるツケ茶粥は食感の変化もあり、熱さも和らいで食べやすくなる。ハッタイ粉を上からかけるとトロ味が付く。入れすぎるとドロドロの茶粥となるが、その分腹持ちはよくなる。粥が傷んで匂いが気になる時には、このハッタイ粉をかけるとする所もあった。

六　茶粥の分布

大正の日常主食品調査

全国各地の日常主食品については、明治一一年（一八七八）の調査（四二頁参照）後、三九年を経て大正六年一一月に、今度は内務省衛生局保健衛生調査室が全国の地方長官に照会して回答を求めたことがある。明治期に「主食料」であった調査は、大正期に「主食品」つまり調理されたものを把握する調査になった。瀬川清子が紹介しているその要旨を『食生活の歴史』で辿ると、大正では四七道府県から市部・市街地郡部・村落部に分けて回答を求める内容になっている。

その中から茶粥があると記された府県を抜き出してみると、

●愛知（市部・市街地郡部）
米飯・麦飯。一部ニハ芋粥・茶粥ヲスル風アリ。
●京都（市部）
米飯、稀ニ麦飯。朝一回茶粥。
同（市街地郡部）
米飯・麦飯、一部ノ地方ハ冬季朝夕茶粥ヲ冷飯ニカケル。
●大阪（市部・市街地郡部）
米飯・麦飯、一部ハ朝夕白粥。茶粥米七ニ芋野菜ノ飯。
同（村落部）
米飯・麦飯ヲ主食トシ、一部ハ白粥・茶粥・芋粥。
●和歌山（市部）
主食ハ米麦デアルガ燃料ノ倹約ノタメ麦ヲ少クス、中流以下ハ朝茶粥昼ハ飯、夕茶漬。
同（市街地郡部）
朝茶粥、昼麦飯、夕ハ茶漬又ハ茶粥季節ニヨリ芋粥。
同（村落部）
朝夕茶粥、昼麦飯、秋カラ初春マデ甘藷粥。薯少ナキ村ハ大根入リノ麦飯。

●島根（市部・市街地郡部）
上流ハ米飯、下層ハ米麦ノ飯、最下層ハ白粥・芋粥蚕豆ノ粥・茶粥ヲ朝食トス。
同（村落部）
上流ハ米飯、大部分ハ米麦ノ飯、下層ハ白米ニ又ハ三ニ甘藷ノ混炊。甘藷ヲムシテ補食。
●山口（市部）
米飯・麦飯・甘藷ノ粥
同（市街地郡部）
同上、朝夕ハ茶粥・芋粥。
同（村落部）
米飯・麦飯・芋粥・茶粥ヲ食ウモノ多数。細民ハ米ニ大根及ビ大根葉ヲ入レテ雑煮トス。
●佐賀（市部）
米飯六割、ソノウチ朝夕粥二、夕粥三、三食飯一、麦飯ノモノ四割。
同（市街地郡部）
米・麦・粟・甘藷ノ飯・芋粥。

米・麦・粟・甘藷・蕎麦・玉蜀黍ヲ主食トシ、配合ハ村ニヨル。朝夕或ハ夕食ハ芋粥・茶粥・小麦ノウドン・ソウメン団子。[*23]

同（村落部）

茶粥が記載されているのは以上である。茶粥が広範に行われているはずの奈良県は、市部・市街地郡部が、「米飯麦飯ガ常食、芋粥・小豆粥モ食ウ。」で、村落部は「朝夕粥ヲ食シ、飯ハ昼ノミ。粥ハ芋・小豆ヲ混入ス。」とあるだけで、茶粥の名称は現れていない。府県により調査の方法や表記が異なったようで、この粥はやはり茶粥とみるのが妥当と思われる。

昭和の食事習俗調査

その後、第二次世界大戦の戦時下、昭和一六年八月から翌年二月にかけて、日本民俗学会の前身である民間伝承の会の会員が、一〇〇の質問項目について食事習俗を詳細に聞き取り調査をした。その成果が、成城大学民俗学研究所編『日本の食文化―昭和初期・全国食事習俗の記録―』（岩崎美術社・一九九〇）と『日本の食文化 補遺編』（同・一九九五）の二冊として刊行された。これまでのような行政機関による調査ではなく、民俗伝承の会所属の会員がフィールドワークとして行

＊23　瀬川清子『食生活の歴史』講談社学術文庫・二〇〇一。

った聞き取り調査で、本編五八地区、補遺編二八地区合計八六地区分の調査の結果が公表され、共有の財産となった。

この調査の一〇〇の質問項目のうち、「七　主食料はどんなかたちにして煮ますか。それをなんといいますか。」、「一〇　水気の多い主食物を何といいますか。どんな種類のものがありますか。」という項目が茶粥の該当する部分であるが、出てきたのは京都府竹野郡木津《きづ》村、奈良県吉野郡野迫川《のせがわ》村、和歌山県伊都《いと》郡花園村、香川県仲多度《なかたど》郡高見島《たかみしま》村（以上本編）、新潟県古志《こし》郡種苧原《たなすはら》村、大阪府堺市浜寺《はまでら》町（以上補遺編）だけで多くはなかった。調査報告が出たのは全国で八六地区であったことと、当時の質問項目が茶粥を特に意識したものではなく、単に粥といえば茶粥を指すことは想定されていなかったため、西日本の茶粥があまり表に出てこなかったものと思われる。

奈良県北葛城郡下田《しもだ》村での、「一般にお粥が炊かれる。」「粥はだいたい、米二合—四合くらいを多くの水といっしょに炊き、いわゆるとろとろしたものにする。」とあるのは「茶粥」であると考えられる。新潟県古志郡種苧原村では、「茶ガイは、粥を炊くさい、粗末な茶を袋に入れて投入したもの（特殊の家の習慣により用いる）。」とあり、特殊な事例であることを示しており、京都府竹野郡木津村では、「茶粥は、別に炒り豆（そらまめ）を茶の汁で煮てから、その中へ米を入れ粥に炊いたもので、冬期間ご馳走として作る。」とある。また大阪府堺市浜寺町では「茶粥―多くはこの茶粥である。粉茶をチャン袋に入れて、粥を掛けるときから入れておいて、炊きあげた時はこれを除く。堺のチャガイといってるほどで、これを一般の人がいう時は、『堺のチャガイといわれてるくらいだすよってにな』という。と同時に、同じ口が『大和のチャガイということかておまっけどな』という。オカイサンと一般に言われていたようだ。」とある。堺と大和の茶粥が相当に普及したものだったことが分かる。

こうした成果をもとに『民俗小辞典 食』[*24]では、茶粥は愛知県海部《あま》郡蟹江《かにえ》町辺りを東端にした本州から北九州一帯で広く愛好されているとしている。

奈良県内のチャガユ、チャガイの摂取状況については、先述した『郷土食の研究〔奈良県下主食物之部〕』がまず参考になる（六九頁参照）。この調査は昭和一五年に設立された食糧報国連盟本部が、食糧増産や食糧消費節約の食糧報国運動を展開する中で、「国民食」を提唱し、その普及の前提として、地方の慣習食事の実態を把握する調査であった。そのため全国各地の官公署や教育機関に調査が依頼されたが、奈良県では奈良県女子師範学校が担当することになった。同校の家事科の教員によって生徒を動員して夏期休業中の食事実態の調査が行われ、特産の食品の歴史や主食の実態が報告された。それによると、県内各地から入学した対

＊24　新谷尚紀・関沢まゆみ編『民俗小辞典　食』吉川弘文館・二〇一三。

象生徒一二二人のうち、粥食する人数は九一人(七五%)で、特に朝に粥食を食べる者は八九人(七三%)もあった。

その後、先に記した『日本民俗地図 IX 食生活』として成果が公開された「民俗資料緊急調査」(一九六二～六四年)の網の目をさらに細かくした一五〇地区の民俗文化分布緊急調査を文化庁が企画した。この調査を昭和五五年から五六年にかけて奈良県教育委員会が実施し、成果の一部が『奈良県民俗地図』として刊行されている。これによれば「茶粥・押鮨」の項で、ほぼ全県的な分布が確認された。

こうした総合的な調査とは別に研究者によっても食文化調査は各地で継続的に行われ、滋賀大学の早川史子が中心になって、茶粥習慣の分布と伝播の研究が一九九四年から二〇〇八年にかけて精力的に進められてきた。これにより茶粥を食べる習慣が認められた地域は、和歌山県と奈良県の全域の他、大阪府、京都府、滋賀県、兵庫県、三重県、愛知県、新潟県、鳥取県、岡山県、広島県、島根県、山口県、徳島県、香川県、佐賀県、長崎県であった。その詳細は次の通りである。

- 和歌山県(全域)
- 奈良県(全域)
- 大阪府……大阪市(東成区・住吉区・東住吉区・平野区・生野区)・堺市・泉大

津市・泉北郡・岸和田市・貝塚市・泉南市・高石市・泉佐野市・和泉市・河内長野市・富田林市・大阪狭山市・松原市・南河内郡・八尾市・東大阪市・羽曳野市

●京都府……京都市（伏見区）・城陽市・相楽郡・綴喜郡・宇治市・熊野郡（京丹後市）・福知山市・綾部市・船井郡

●滋賀県……木之本町金居原・杉野・信楽町多羅尾・神崎郡能登川町から彦根市にかけての琵琶湖沿岸地域

●兵庫県……尼崎市・神戸市・西宮市・丹波市・姫路市・伊丹市

●三重県……鈴鹿郡・飯南郡・度会郡・北牟婁郡・南牟婁郡・阿山郡・名張市・熊野市・一志郡・上野市

●愛知県……海部郡蟹江町

●新潟県……佐渡市

●鳥取県……鳥取市

●岡山県……岡山市・倉敷市・苫田郡

●広島県……広島市・福山市・呉市・三次市・安芸高田市

●島根県……隠岐郡・邑智郡・飯石郡・鹿足郡・那賀郡・大原郡・益田市・大田市・江津市・浜田市・仁多郡・松江市

・山口県……大島郡・宇部市・吉敷郡・熊毛郡・玖珂郡・柳井市・阿武郡・防府市・徳山市・下関市・光市・佐波郡・岩国市・新南陽市・山口市

・徳島県……徳島市

・香川県……三豊郡・高松市・坂出市・仲多度郡

・佐賀県……佐賀市・佐賀郡・小城郡・藤津郡・神埼郡・西松浦郡・杵島郡・東松浦郡

・長崎県……対馬市[*25]

七　近畿その他の茶粥

奈良県を除く西日本各地に広がる茶粥の習俗の概要は以下の通りである。

京都の茶粥

食物史家篠田統は子供の頃に、「冬の朝早く比叡山に登ると、京都中の人たちが粥をすする音がゾロゾロときこえる」という話をよく聞いたという。この京中で茶粥をすする音がする話は、はやく式亭三馬の『浮世床』（文化一〇年・一八一三）に描かれている。「京の着倒れが何を知つて。おれが去々年上方へ上つた時、京愛

＊25　早川史子「茶粥習慣の分布と伝播」『人間文化』二五号・滋賀県立大学人間文化学部・二〇〇九。地名表記は調査当時のもの。

宕山へ登つて居たら何所ともなしにざはざはざはざはと音がするから海の鳴るのでもなし、あの震動は何だと聞いたら、傍に居る人がいふには、あれは京ぢゆうで茶粥をすする音がごつちやになつて響く音ぢやと云つた。が、おれもあの時は肝をつぶしたつけ。」この話が巷間に伝わったものか、または逆に巷間にささやかれていた話を三馬が採集したものだったのか。

茶粥のことではないが、思い出したことがある。筆者の母親（大正一二年生まれ）が、晩年話してくれたことだ。京都の人を「袖口破《そでぐちやぶ》り」だと言う。幼少の頃、母親は大阪府枚方《ひらかた》市の母方の里へ連れて行かれ、みんなで一緒に煮豆を食べているとその場の年寄りが、自分たちはこうして豆をまとめて口に入れて食べるが、京都の人は上品なので箸で一粒ずつ摘まんで食べる。それで京都の人を「袖口破り」と言うのだという。常に着物を着て生活をしていた時代、襟や袖口に自然に視線が行く時代の話だ。九〇年近く昔の小さな出来事を母親は晩年ふと思い出した。千年の都と自負する京都の人の丁寧さを周囲の人々が揶揄《やゆ》する心情が窺えて興味深い。

朝粥の風習は、京都にかぎらず、大和・紀伊から和泉・河内・大阪市内と、近畿地方の心臓部に今日も広く行われており、東の方では少ないが、中国筋では瀬戸内海の島々、たとえば讃岐の粟島・志々島《しじま》から、西は遠く周防の大島へかけてポツポツ残っており、中部地方でも京文化の影響の強い北陸筋では盛んだとしている。[*26]

杉本家の茶粥

京都市下京区綾小路通にある杉本家（住宅が重要文化財、庭園が名勝）は、江戸時代中期、寛保三年（一七四三）に奈良屋の屋号で創業した呉服商であるが、寛政二年（一七九〇）から書き続けられた「歳中覚」という帳面がある。ここには一年間の商家の年中行事や献立が書き残されている。

年中平生は朝夕は茶漬と香の物、昼は一汁一菜とし、但し九月一〇日より三月二日までは朝茶粥と決められ、また毎月二一日は茶飯、とうふ賽の目の味噌汁と決められている。商家でご飯を炊くのは一日に一度昼だけで、茶漬や茶粥に添えるのは自家製の漬物で、それも漬けてから数年経った塩辛い古漬けだけでご飯を食べるというのが基本的な食事だった。

京のわらべ歌に「京都三条室町は　聞いて極楽 来てみて地獄　おかゆ隠しの長暖簾」と粗食に耐えて働く商家の生活をうたった歌もある。[*27]

＊26　篠田統『米の文化史』社会思想社・一九七〇。

＊27　杉本節子『京町家・杉本家の献立帖』小学館・二〇〇八。

山城の茶粥

京都府山城《やましろ》地方では、寒い日でも朝六時頃に茶粥と漬物の準備をした。白米二、三合を番茶を沸かした釜に入れて炊き、煮上がると塩を少し入れる。茶碗につけ飯（冷や飯）を入れ、熱い粥をかけて食べる。身体が温まって山仕事への意欲もわいてくるという。つけ飯が足りない時には、茶粥に小麦粉だんごやネコダンゴを入れて炊く。これを「おかいだんご」と呼んでいる。これはきな粉をまぶして食べた。老人や子供はとても喜んで食べたという。[*28]

さらに木津《きづ》町（現木津川市）鹿背山《かせやま》の茶粥事情が報告されている。昭和の初め頃の山城の家の食事は質素なもので、主食は朝が茶粥で、昼は麦飯を炊いて食べた。寒い時は夕食の麦飯に茶粥をかけて食べたという。

竈は焚き口が五つあるイツツカマド（ゴクドウとも）が普通で、一番大きいのがオオクドサンで、味噌豆を炊くのに使い、一斗炊きの大釜をかけ、竈の神を祀った。二番目は五、六升炊きの鍋で、牛のゾウスイの温め用で、三番目がナカクドサンで、二、三升炊きの鍋釜で飯はここで炊いた。四番目はおかずを煮る鍋や、茶粥を炊く釜をかけた。五番目は一升炊きの鍋で、ハシナベといい、夏は茶釜をかけてここで茶を沸かした。

食事は朝昼晩一日三回で、アサハン・ヒルゴハン・ユウハンといった。大正時

＊28　『聞き書き 京都の食事 日本の食生活全集㉖』農文協・一九八五。

代は裸麦の丸麦で、二度炊いた。前夜にヨマスといって一度炊いてショウケ（ざる）に上げておき、翌日の昼に米と炊いた。昭和に入るとツブシ麦（押し麦）を使うようになった。米と麦を混ぜた麦飯で、米が七で麦が三の割合だった。昼に麦飯を食べ、朝と晩には冷や飯にオカイサン（茶粥）をかけて食べた。

茶粥は専用のアカガマ（銅の釜）で炊いた。五、六人で米二合を使った。麻のチャンブクロに一摑みの焙じ茶を入れて、米と一緒にシバを燃料に炊いた。チャンブクロは食べる前に釜から取り出した。

鹿背山では煎茶や番茶を作っていたので、茶粥に使う茶は自家製番茶を使い、この番茶をホウロクで炒った焙じ茶は、缶に入れて保管した。一年間に使う番茶の料はカマスに二杯必要だった。麦飯と茶粥を基本として、鹿背山の特産のサツマイモをキリコ（賽の目）にして、夏から秋はイモメシをよく食べた。小米《こごめ》のカキモチやコムギダンゴを茶粥とともに食べたという。[*29]

大阪の茶粥

「京の白粥、大和の茶粥、河内のどろ食い」という言い方を先に紹介した（六五頁参照）。河内ではハッタイ粉（コバシ）に塩を少し入れて湯でこねて、それを茶粥に入れて食べたので、大和の者は黒っぽい泥のようだとして「河内の泥食い」

＊29　印南敏秀『京文化と生活技術―食・職・農と博物館―』慶友社・二〇〇七。

と言ったというが、[*30]風土や気性の違いは、食べ物の指向の違いも生み出していた。

南河内郡滝畑《たきはた》（現河内長野市）では、煮上がった湯（米の一一から一二倍）に、番茶を入れたチャンブクロを入れて、よく炊き出してから取り出し、洗った米を加えて炊く。冷やご飯にかけることが多いので、水分の多いさらっとした仕上がりにする。

また八尾市恩智《おんぢ》中町では、アサハン（朝飯）はオカイサン（茶粥）とコウコ（大根の漬物）。二升釜に八分目の水を入れ、洗った米二、三合を入れてカマドにかける。藁に火を付け、柴を燃やす。粥がおどり始めるとコビシャク（杓子）でかき混ぜ、大きい火を引き、ちょろ火（弱火）にし、じっくり炊き上げる。とろっと仕上がるまで約一時間かかる。朝飯のオカイサンとコウコの「ずるずる、ばりばり」という音が、家族の会話のようだという。ヒルメシ（昼飯）は芋類や野菜を炊き込んだかやくご飯が多い。かやくご飯は、中米《ちゅうまい》（砕け米）や麦を二、三割混ぜることもある。そして夜の食事、ユウハン（夕飯）は朝と同じオカイサンと大根・コンニャク・ジャガイモ・厚揚げなどを釜で煮込んだカントダキ（関東煮き）などであった。[*31]

また、大坂の商家の習慣では、一日と一五日には、安物の魚の焼き物が付くが、他は大根・菜っ葉・豆腐・オカラ・油揚・ヒジキのようなバンザイを食べていた。

＊30　岩井宏實「奈良県の衣と食」『近畿の衣と食』明玄書房・一九七四。

＊31　『聞き書き 大阪の食事 日本の食生活全集㉗』農文協・一九九一。

朝はオカユか冷や飯の茶漬だった。「船場の朝粥」といって「朝粥や昼一菜に夕茶漬」が常食で、大坂町奉行所に在職した役人の随筆『浪花の風』には「食物、朝は茶粥を食ふこと京師同様にて、市中上下一般なり。中より以下は前日飲み余りの茶くるべ、水を足しこれを烹出し、夫へ残飯を入れて粥となし食ふ。豪富の家にも朝は新たに茶粥を焚て食ふといふ。味噌汁を食ふことは、中食のこととす。此故に土地のものは朝飯を炊き、汁を烹ることを聞て笑ふもの多し」[*32]とある。大坂の商家では、前日の残りの茶と冷や飯で茶粥を炊くという習慣ができていたことがよく分かる。

それを具体的に知ることができる珍しい資料が文化一五年（一八一八）の河内松原若林村（現松原市）東山内家における「年中休日賄帳《まかないちょう》」である。下男下女など使用人の賄い記録で、普段はオカユが多いが、式日では中食に茶漬、夕食にはチャガイ（冷飯にかけ申）の他、白飯・赤飯・半麦飯などが食べられ、一九世紀初頭の食生活の実態と季節の移り変わりが知られる貴重な資料となっている。[*33]

和歌山の茶粥

和歌山県は山がちで、特に紀南地方は平野が少なく、常食の米も不足しがちで、日常は県下全域で茶粥が食べられていた。昭和五二・五三年度に行われた民俗文

＊32　宮本又次『大阪の風俗』毎日放送・一九七三。宮本又次『関西と関東』青蛙房・一九七八（初版、一九六六）。

＊33　「河内松原若林村東山内家年中賄帳」『大阪年中行事資料一・二輯』和泉文化研究会・一九八一。

化分布緊急調査をまとめた『和歌山県民俗分布図』（和歌山県教育委員会・一九七九）でもそれは明らかである。平常の食事の回数は、四から六回が多く、アサメシ（朝飯）・ヨツジャ（四つ茶）・ヒルメシ（昼飯）・ヤツジャ（八つ茶）・ユウメシ（夕飯）・ヤセク（夜食）などと呼ばれる。アサメシの前、早朝に食事を摂ることもあり、これもアサメシと呼ばれ、アサゲ・アサゲメシとも呼ばれた。その内容としては、茶ガイ（茶粥）・麦飯・芋茶ガイ・麦茶ガイなどであった。

紀ノ川流域の和歌山市小倉《おぐら》では、朝は年中茶ガエで、家族一〇人のある家では四升釜にたっぷり水を入れて、一摑みの番茶をチャンブクロ（木綿の晒製）に入れたものを浸し、米五合を放り込んで勢いよくカマドで炊いた。朝は米だけ入れた茶ガエ、つまり「ボウズ茶ガエ」で塩は入れなかった。塩気が欲しい時は、食べながら箸で塩壺の塩を付けて自分で味付けをした。茶ガエには漬物が付きもので、くき漬けや菜っ葉の漬物を大きな鉢いっぱいに盛り付けて出したという。[*34]

和歌山県内の民俗文化を広く調査を行った小山豊の報告もある。茶粥は番茶や粉茶をチャンブクロに入れて炊く。このチャンブクロには、花園や寒川の一部では粗目の布が最適だとして藤布が用いられていた。茶粥の出来上がりも香りがよく美味だという。本来の炊き方以外に、「入れ茶粥」と「温め茶粥」があった。前者は、昼に食べた残りの米飯を沸騰した茶湯に入れて炊くもので、時間がかから

＊34 『聞き書き 和歌山の食事 日本の食生活全集㉚』農文協・一九八九。

ず老人が作るのに適していた。冷や飯は洗ってヌメリをとっておくとよりうまい。また大釜の底にできた焦げ飯をはぎ取り、一、二日干してから沸騰した釜に入れて炊く方法もある。番茶と焦げ飯の匂いが何ともいえない香ばしさで非常にうまいという。温め茶粥は、食べ残した粥を再び温めたもので、はなはだ不味く、「温め茶粥の熱いのと赤子が泣くのは貧乏のどん底」という。

この茶粥を米だけで炊く余裕はないので、貧しかった小作農家や日傭《ひよう》仕事の家では、米麦を五分ずつ、家によっては四分六分、三分七分などと麦の方が多かった。日傭仕事で子沢山の家庭では、茶粥と言いがたいほど薄く、天井の映るような「天井粥」、自分の顔や目玉が写るほどの「目玉粥」、湯ばかりの「うどん屋の釜」だと言われた。

熊野地方の田の少ない所では、米は一摑みぐらいで麦や玉蜀黍が多く、特に里芋（赤芋や田芋）が主であった。麦を収穫するとハッタイ粉が作られ、茶粥の中に団子として、また粥を固める粉として用いられた。子供を学校に通わせて、弁当が必要な時には、弁当用に少し大きなチャンブクロを作って中に米を入れて炊いたという。

南北に長い紀州の中で、山村では特に茶粥のおいしさが言われる。炭焼きを生業としていた人は、炭焼きの茶粥が一番だという。鉄の平鍋に谷川の水を入れ、馬《うば》目樫《めがし》やアサ木の柴でさっと炊き上げて、鍋のまま谷川に浸して適当に冷まして食べるのが最高だという。[*35]

三重の茶粥

伊賀盆地では茶粥をよく炊いた。その他にコジャガユ、サツマイモガユ、オカイダンゴもある。番茶を袋に入れて三升釜に湯を沸かし、沸騰したら茶袋を引き上げる。洗った米を三合入れて、きつい火で絶えずかき回しながら、米の形を壊さないように煮る。茶粥は米粒のままで固くなくさらりとして水も多くないのが上出来であるといわれる。

紀伊山間では、例えば家族八人で米三合に水四升と茶の葉は手のひら一杯で炊く。茶は上茶は渋味がでて粥がまずくなるので、自宅の番茶を使う。四升鍋に番茶の入った茶袋を入れ煮たてる。米は洗わずに沸騰した鍋に入れ、固まりをほぐすためにかき回しながら一気に炊き上げる。火が弱いと米の形が崩れて味が落ち、どろりとした粥になってしまう。米がふっくらと十分火が通った頃、茶袋を絞り上げて塩を加え、鍋を下ろして鍋ごと急いで冷やす。米は「茶粥米」といわれる昔から土地で作られている土着の品種を使う。[*36]

＊35　小山豊「紀州の茶粥」『西郊民俗』第一五二号・西郊民俗談話会・一九九五。

＊36　『聞き書き 三重の食事 日本の食生活全集㉔』農文協・一九八七。

滋賀の茶粥

信楽《しがらき》地方一帯では、茶粥が広く食べられている。水と水の一割の米と番茶をたっぷり詰めたチャンブクロを釜に入れて炊く。さらさらとしたオカイサンにして、茶碗三分の一から四分の一のかけ飯（前日の冷やご飯）を入れ、その上からオカイサンをかけて食べると、熱すぎず食べやすい。好きな人は朝昼夜と食べる。茶は安く手に入りやすく、ふんだんに用いられる。[*37]

この信楽町における茶粥の習俗に加えて、滋賀県立大学の早川史子・日比喜子の二人は一九九五年から九七年にかけて滋賀県下の茶粥についてアンケートした上で聞き取り調査を行った。その結果、湖南・湖北・湖東で茶粥を食べる習俗が確認された。

湖北の伊香郡木之本町（現長浜市）の金居原《かねいはら》では、製茶の過程でできる粉茶を日常の茶として用い、これで茶粥を炊いた。一升の水を沸騰させ茶袋と米一合を洗わないで入れて、絶えずかき混ぜながら三〇分以上煮て、竹の柄杓で茶碗に盛る。茶碗にそば粉を入れて、その上から茶粥をかけてかき混ぜて食べることもあった。

湖南地域の甲賀《こうか》郡信楽町多羅尾《たらお》では、自家製の刈り番茶を蒸して、日干し乾燥し、焙じた物を保存して用いる。ここではかき混ぜることなく、強火で二〇分ほど炊いて、花が咲いたように米がはじけたら出来上がる。このオカユサン、チャ

＊37 『聞き書き 滋賀の食事 日本の食生活全集㉕』農文協・一九九一。

ガユ、チャガイを昔は一日六回食べたという。

湖東地域の神崎《かんざき》郡能登川《のとがわ》町（現東近江市）乙女浜《おとめはま》では、夕食によく食べており、集会の最後は必ずチャガイ、チャガユが出た。粉茶を使用する。昔は竈で稲藁を使って炊いたという。また、日常的ではなく、秋から冬にかけて保温・風邪予防・解熱のために食べられているのが蒲生《がもう》郡日野《ひの》町・竜王《りゅうおう》町、愛知《えち》郡愛知川《えちがわ》町（現愛荘町）、神崎郡五個荘《ごかしょう》町・能登川町（現東近江市）などで、「五豆茶がゆ」「五粥茶」「豆茶」と呼ばれる茶粥がある。干した赤シソの葉と番茶を湯で煎じ、ここに干したミカンの皮、黒豆、ショウガ、梅干し、米を入れて炊き、冬の寒い日の夕食に食べた。[*38]

香川の茶粥

香川県には、「碁石《ごいし》茶」で炊く茶粥がある。碁石のように固まっている茶の意で、「かたまり茶」「讃岐の馬の糞」とも呼ばれ、高知県長岡郡大豊《おおとよ》町で作られている。六〜七月に枝ごと刈り取った生葉を桶で蒸し、筵に包んで踏圧を加えながらねかし、その後、大桶に漬け込んで重石を置く。一週間から一〇日して、固まりを桶から取り出し、約一寸角に切って乾燥させると、固まって黒光りする碁石茶になる。ねかしと漬け込みという二度の発酵をさせる独自の作り方で、甘味と苦味

＊38　早川史子・日比喜子「滋賀の茶粥習俗と分布」『日本食生活学会』九巻二号・一九九八。早川史子「続・滋賀の茶粥習俗と分布—湖東地域の茶粥習俗—」『日本食生活学会』一〇巻三号・一九九九。

に酸っぱさが加わった味になる。

この茶は、主に香川県の塩飽《しわく》諸島の佐柳島《さなぎじま》、高見島《たかみじま》、志々島、粟島などで茶粥に用いられる。木綿の袋に入れた碁石茶一握りを鍋に入れ、米の五倍ほどの水と、前夜から水に浸して皮をむいた空豆を強火で炊く。沸騰したら米を加えて、二〇分強火で炊く。裸麦、ササゲ、サツマイモ、小麦粉の団子などを入れる時もある。[*39]

*39 武田明『日本の民俗 香川』第一法規出版・一九七一。『聞き書き 香川の食事 日本の食生活全集㊲』農文協・一九九〇他。

岡山の茶粥

岡山県笠岡市の真鍋島《まなべしま》では、茶粥が食べられるが茶は用いない。大麦やそらまめをかわら（焙烙）できつね色になるまで炒り、これを水に浸けて、十分に水気を吸わせてから、米と小さく切ったサツマイモを一緒に粘るぐらいに炊く。茶は使わないが、色が茶に似ているところからこの名がある。[*40]

*40 『聞き書き 岡山の食事 日本の食生活全集㉝』農文協・一九八五。

広島の茶粥

広島県山県郡芸北町《げいほくちょう》（現北広島町）大利原《おおとしばら》では、四月中頃過ぎから秋の収穫まで、朝食の前にアサチャ（朝茶）、昼食と夕食の間にハシマ（箸間）と一日に五回食事をした。このアサチャに茶粥が炊かれていた。茶粥は、水の代わりに沸かして冷めた番茶に冷や飯を入れて炊く粥である。[*41]

*41 『聞き書き 広島の食事 日本の食生活全集㉞』農文協・一九八七。

島根の茶粥

石見《いわみ》や隠岐《おき》の島後《どうご》辺りでは茶粥がもっぱら食べられた。番茶をよく煮出して、米・麦や山芋・琉球芋・大豆・大根などを刻んで入れるもので、よい米の量が多いと番茶の香りがおいしかったが、大抵はくず米・麦・野菜などが多かったので、しかたなく食べていたものだった。[*42]

隠岐では茶粥がよく食べられる。袋に入れた番茶と洗った米と米の量の二〜三倍の水を鍋に入れて、蓋をして煮る。煮えたら蓋を取り、番茶の袋を取り出す。火を緩めてさらに煮る。米が潰れる程度によく煮えたら、火から下ろし、一度混ぜてまた蓋をして蒸らす。塩を少々入れる。煮る途中でかき混ぜると焦げ付きやすい。[*43]

山口の茶粥

山口県大島郡周防大島は、瀬戸内海で淡路島、小豆島に続いて三番目に大きな島である。この島は、平地が少なく、収量の少ない棚田が多く、節米のため朝晩は茶粥が食べられてきた。朝は茶粥、昼は麦飯、夜は昼の残りの麦飯と茶粥である。

久賀《くか》町（現周防大島町）山田では、毎日朝夕に食べるだけではなく、農繁期の作

＊42　石塚尊俊『日本の民俗 島根』第一法規出版・一九七三。

＊43　『聞き書き 島根の食事 日本の食生活全集㉜』農文協・一九九一。

業の合間のコビル（小昼）や子供のおやつにしたり、隣近所が集まる話し合いや世間話の時にもオビイジャ（お茶代わりの茶粥）として登場した。茶粥は白粥のようにどろっとさせず、さらさらに作るのが普通であるが、芋やダンゴが入ると、汁は粘ったり、甘味が付いたりする。白粥は病人の食事であり普段は食べない。家には茶粥専用のカンス（茶釜）、コビシャク（小柄杓）、茶袋がある。

朝起きるとまずカンスに水と茶葉の入った茶袋を入れて、火にかけ、茶を煮出す。湯が黒く見えるほど煮出す。湯がたぎってから茶袋を入れたり、あまり煮出さない家もある。茶がしっかり出たら、水一升米一合の割合で、洗わないまま米を入れる。火力を落とさずに炊く。吹き上がると煮こぼれないようにコビシャクで中をかき混ぜる。米が踊るように炊くとおいしい茶粥ができる。米の芯がなくなったらすぐ食べる。のびた茶粥ほどまずいものはない。茶の渋味で米がしまってはじけないので、さらっとした仕上がりになる。コビシャクで飯碗についで、葉漬（白菜漬）をサエ（おかず）にして食べる。[*44]

周防大島などでは茶葉を用いず、豆茶と呼ばれるエビス草の豆を炒って、これで色を付けて茶粥と同じように炊いて食べる。岡山の真鍋島と同様の炒り豆を用いた茶粥も食べられている。

＊44 『聞き書き 山口の食事 日本の食生活全集㉟』農文協・一九八九。

佐賀の茶粥

筑後《ちくご》川河口に位置する佐賀県佐賀郡新北村（現佐賀市）寺井津《てらいつ》は沖合漁業専門で、水田は持たないため米は佐賀平野から購入する。飯は一年中、茶粥か白飯で、麦飯を炊く習慣がないので麦は買わないという。一年を通じて茶粥を朝昼夕と食べる日が多い。腹にもたれず、食べたらすぐに働けるのもよいという。冬には体が温まる芋粥も作る。

作り方は、茶大さじ四杯の入った袋を釜に入れ、水二升で煮出す。茶は店で粉茶を買う。茶の色が出たら茶袋を取り出し、洗った米六合を入れて、米の粘りが出ないようにしながら、炊き上がるまで強火で煮る。吹きこぼれそうになると団扇であおぐ。味付けは何もしない。出来上がったら、水を張った洗い桶に釜尻を浸けて冷やす。これも粘りを出さないためである。さらさらとしていて茶の香りがよく、味が付いていないので、漬物やぬた豆（炒り大豆の甘味噌和え）などを添えて食べる。[*45]

＊45 『聞き書き 佐賀の食事 日本の食生活全集㊶』農文協・一九九一。

このように茶粥に用いる材料や用具の問題、作り方や混ぜ物、土地土地でのこだわりの様は驚くべきほどで、時に相反するこだわりと注意深さで茶粥は作られ、食されてきたことが分かる。このさまざまなバリエーション、土地ごとまた家ごとのこだわりがありながら、さらにこれが伝播して西日本に多様な「茶粥文化」といえる食文化が形作られているのがよく分かる。

八　茶粥の用具

御伽草子の茶袋

茶粥をこしらえるのに必須なのが、茶葉を入れて鍋釜で煮出す小さな布袋、チャンブクロ（茶袋）である。家族の暮らしを支える食べ物の代表としての茶粥、その茶粥を炊くために毎日毎日必ず使う。近年は使い捨ての紙パックも利用されるようになったが、木綿布や麻布の自家製の布袋を用いる。これも今では茶舗などで買うことができる。手っ取り早く茶粥を作りたいのなら、別に茶袋がなくても、鍋などに茶葉を直接放り込んで煮出して茶汁を作り、米を入れたら茶粥ができる。ただ、茶汁と出し殻の茶葉を分けるために、何らかの方法で一度は濾さねばならない。そこでやはり小さな「袋」が必要となる。

いつから茶粥作りに茶袋を用いるようになったのかよく分からないが、室町期の作とされる御伽草子《おとぎぞうし》の一寸法師に「茶袋」が登場する。一寸法師は異例な出自を持ち、特別な事業を成し遂げて、常ならぬ幸福を得るという物語だ。生まれて

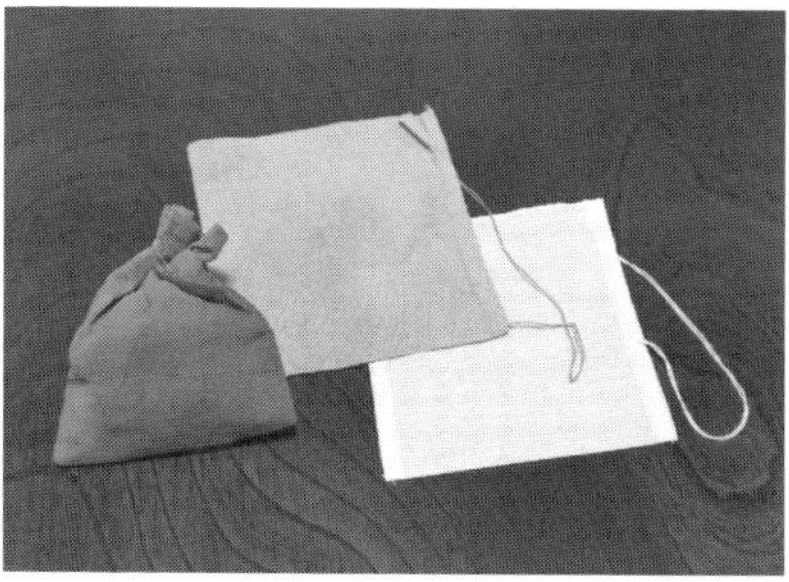

チャンブクロ（右から未使用品、使用品、使い込んだ茶葉入りのもの）

一寸のままの一寸法師は一六歳の時、宰相殿の一三歳の美しい姫君に惚れ、「わが女房にせばや」と思った。そして策を巡らし、娘を連れ出した上、鬼をやっつけて宝の小槌を手に入れて背丈も伸び、堀川の少将となってめでたく栄えたという。

この姫を連れ出すために一寸法師が考えた策略というのが、貢ぎ物の米の粉と「茶袋」を用いたものだった。「ある時、みつものの打撒《うちまき》(貢ぎ物の神前に供える米)取り、茶袋に入れ、姫君の臥しておはしけるに、はかりことめぐらし、姫君の御口にぬり、さて、茶袋ばかり持ちて」泣いていると、宰相殿がこれを見つけた。口のまわりに米粉が付いている姫を見て、このような者を置いてはおけぬというので、連れ出すのに成功する。

この御伽草子に登場する茶袋は、おそらく小分けした茶を保存または携行するための袋と思われ、茶粥を作る時の茶袋とは思えないが、貴重品である茶の入れ物として布または紙の「茶袋」がすでにあり、そこからこれを利用して、茶を煮出すことに利用されるようになった可能性もある。中世史家の保立道久《ほたてみちひさ》も桃太郎の腰袋に言及して、腰袋はベルトポーチで、中には火打ち道具と銭が入っていたとし、一寸法師が持つ茶袋を腰袋の代替物としている。[*46]

また、茶袋に入れた米粉を姫が食べたように見せかけたとしていることで、米を粉にして生で食べるという習慣があったことも分かる。今日でも所々に秋祭り

*46 保立道久「腰袋と『桃太郎』」『物語の中世』東京大学出版会・一九九八。

などで、米を水に浸してすり潰したシトギを神前に供える所が残っている。米を粉にして入れておく「米袋」という物があり、これを旅などに携行して生のままで食べていたのであろうと思われる。「米袋 むなしくなれど 桜哉」（『文化句帖』文化二年・一八〇五）などの句も残っている。

しかし注意すべきは、この物語の中で「茶袋」という小さなモノは、一寸法師が姫を得て、一人前の背丈の男子になるだけでなく、富貴も獲得するという変身出世譚の鍵となる小道具になっていることである。布きれで作った小さな茶袋を「幸せをもたらす袋」とする意識が、この物語の背景にあるように思える。

布の茶袋

茶袋は、木綿や麻を使って自家で作られたが、細かい茶葉も漏れ出ないように布を袋状に縫い、一度表裏をひっくり返して、さらに端を縫うという袋縫いをした。また袋の口の閉じ方も、取り付けた紐で縛るものと、茶袋の片方の端に取り付けた半円状の紐や糸で開いた口をクルクルと二度ほど巻き付けるだけの事例が多い。湯の中で茶葉が膨らむとこれで十分に口が閉まり、茶葉は漏れ出てこない。紐で結んだ場合、濡れて固くなったものをほどくには手間がかかる。巻き付けて閉じる方が簡便で合理的な方法だと感心する。

この茶袋は、木綿より麻の方が何度も使っても目が詰まらずいいとする所もあり、また奥吉野の北山地方では藤の繊維で織ったフジブクロ（藤袋）が使われた。[*47]和歌山県日高郡の山間部でも「藤蔓製」の茶袋が用いられていたというが、[*48]これも藤の繊維で織った布の袋だろう。

茶粥をこしらえるのに必須であったチャンブクロという言葉は、慶長八年から九年（一六〇三〜〇四）にかけてイエズス会宣教師の手で長崎で刊行された日本語・ポルトガル語辞書の『日葡辞書』に、「chabucuro チャブクロ（茶袋）碾いて粉にする前の茶（cha）を入れる小さな紙袋。またこの小さな袋の格好に似たある種の瓜」と説明されている。[*49]紙袋とあるところから、茶葉を入れる袋であったようだ。

チャンブクロは、大小さまざまで、すでに触れた東大寺のお水取りの練行衆《れんぎょうしゅう》のための茶袋は大きな物で、縦三三センチ、横二二センチほどもある。これに反して一般家庭では、小さな物もあるが普通縦一四から一六センチ、横一〇から一三センチ程度の物である。初めは白いチャンブクロも次第に茶色のいい色となり、そのうち破れたりするので、必須のものでありながら、消耗品的民具であるために資料として残ることはほとんどない。ましてや、大型農具などのように、もったいないから博物館に寄贈したいと思う人はいない。こういう庶民の日常生活を支える「消耗品的民具」、「使い捨て道具」は意識して集める必要がある。

＊47　林宏「食生活」『吉野の民俗誌』文化出版局・一九八〇。

＊48　早川史子「茶粥習慣の分布と伝播」『人間文化』二五号・滋賀県立大学人間文化学部・二〇〇九。

＊49　土井忠生他『日葡辞書』岩波書店・一九八〇。

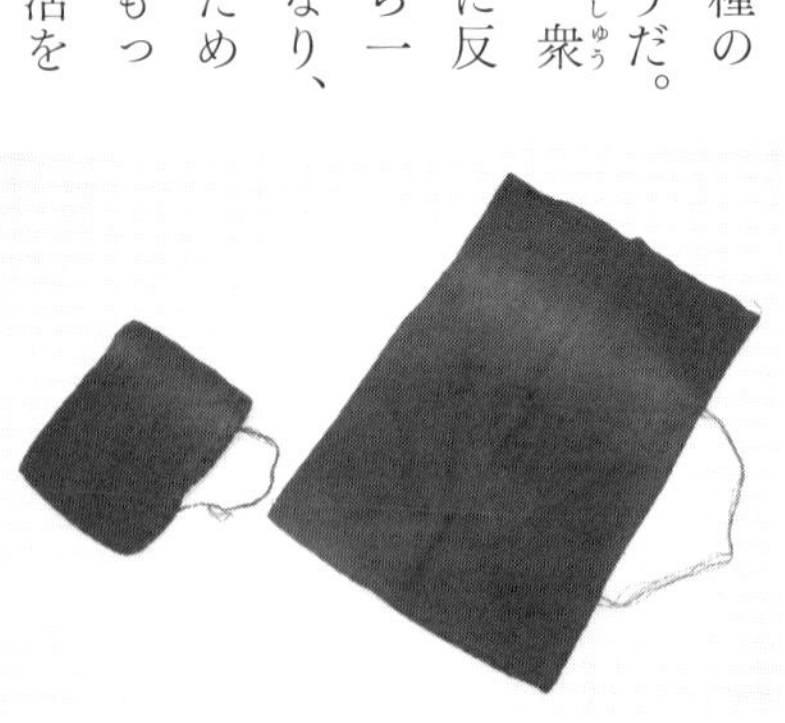

右が東大寺のチャンブクロ

竹の茶袋

茶袋は普通布製であるが、竹製のチャンブクロというものがある。奈良県の東北部、山辺《やまべ》郡山添《やまぞえ》村中峰山《ちゅうむざん》の浦島正幸さん（一九二九年生まれ）が製作しているもので、写真のように身と蓋の大小二つの小さな竹のザル（身の方は深く、蓋の方は浅くし、口径は蓋の方が少し大きい）を作り、口径同士を重ね合わせて一つの容れ物とする。この中に茶葉を入れ、釜などに入れて茶葉を煮出す。大きさは蓋の口径（外径）七・五センチほどで、組み合わせた高さが九・五センチほどである。

丁寧な作りで身と蓋の二つの口は合わせるとピタリと入り込む。第二次世界大戦の敗戦後、郷里に帰って竹細工を習い始め、その後は別の仕事をしていたが、二〇〇五年から再び作り出した。山添村は竹籠や箕作りで知られた所で、伝承技術を元に新しい用具が作られた事例である。後発の竹籠がチャンブクロという先行する物の呼称を引き継いでいることも興味深い。

茶袋の俗信

茶袋にも俗信がある。昭和六年に小島千夫也が雑誌『旅と伝説』に投稿した「郡山町の門前物と狐四題」には、「ちゃんぶくろ。有名な大和粥の茶を出すために使ふ茶の容器に使ふ布の袋（木綿）、これをチャンブクロと云ふが、それへ初茄子を

浦島正幸さんたちが製作した竹製のチャンブクロ

添へ、或は中に入れて吊り下げておけば子供が水遊びをしても河童（ガタロ）に足を曳かれる事がないと云ひ、一説には『なつ蟲』の咒だといふ」とある。文中から郡山とは大和郡山であることが分かる。[*50]

西日本の各地では、米寿の祝いに、男は升に盛った米を定量にかき均《なら》す斗掻棒《とかきぼう》（斗棒）を、女は茶袋をまわりに配るという習俗があり、熊本・佐賀・大分・福岡・宮崎や高知・岐阜・三重などで知られている。[*51]八八歳の祝いそのものを「茶袋祝い」と称する所もあり、この小さな布の袋が婦人にとっても欠かせない身近な用具であったことを窺わせている。

袋は、早く「嚢《ふくろ》」として『古事記』に登場する。ヤマトタケル命が天皇から東国遠征を命じられた際、叔母倭比売命《やまとひめ》から授けられたのが草薙《くさなぎ》の剣《つるぎ》と御嚢だった。武蔵国に至り、土地の国造から野に火を放たれた時、その袋から火打ち石を取り出して、向い火をして難を逃れたという。袋の中には火を生み出すという優れた力を持つモノが含まれていたことになる。

この力ある大切なものを包む袋は長く人々の心を捉えてきた。その袋の本質は、母性の象徴だと述べたことがあった。[*52]毎日食べるものに必要な小さな布袋に、夏の初めに河童にお供えを入れて子供の安全を祈ろうとするまじないに、母親の心意が感じられる。

＊50　小島千夫也「郡山町の門前物と狐四題」『旅と伝説』一九三一年三月号・三元社。

＊51　『日本民俗地図』Ⅵ・文化庁。中村羊一郎『茶の民俗学』名著出版・一九九二。

＊52　鹿谷勲「袋―小さき者への慈愛の入れ物―」『あかい奈良』三四号・二〇〇六。『モノまんだら　クジ・袋』奈良県立民俗博物館企画展図録・同館・二〇一〇。茶袋の作り方をはじめ、さまざまな袋物については、森南海子『袋物のはなし』未来社・一九九二が詳しい。

オチャチャのチャンブクロ

茶袋はわらべ歌に歌われることもあった。茶粥が身近な平常食であり、女性の言葉としてオチャチャとも呼ばれたため、「オチャチャのチャンブクロ」と語呂合わせの楽しい言い回しとして子供たちの間で歌われたようだ。

奈良県宇陀郡曽爾《そに》村で採集された「かくれんぼ」の歌詞には、童謡「かごめかごめ」が入り混じっているように思われるが、さらに身辺の茶袋が混ざったもので興味深い。

かくれんぼするものよっといで
じゃんけんぽん
あいこでしょ
あなたのうしろにだれがいる
ちごたちごた
オチャチャのチャンブクロ
あなたのうしろにだれがいる

また、同県吉野郡黒滝《くろたき》村で採集された「センチャふくふく」のセンチャは「煎茶」であるが、これが茶粥を指す。

センチャ ふくふく 山行き かえる
家の小坊主は くそたれる
オクモは固いし ナガタンは切れん
あんまりせわして 尻ふく間もない

山仕事から男が帰る頃の家事の慌ただしさが、軽妙に歌われている。オクモは菜の漬物で、ナガタンは菜刀、つまり菜切包丁のことである。

コボンシャク

奈良市田原地区の岡井稲郎さんからチャンブクロを博物館に寄贈していただいた時、茶粥を掬う竹製の杓子も作ってもらった。コボンシャクという。大小いろいろあり、口径五センチほどの竹筒の下部に節を付けて底とし、七センチから九センチの高さで切り、これに細い割竹を三〇センチから五〇センチの長さにして柄とし、筒の部分に斜めに穴を開けて差し込んで固定してある。ゴボゴボ杓子ともコブジャクとも呼ばれる。いかにも鍋釜で米粒が煮えているのを連想させるよ

コボンシャク。岡井稲郎さん製作。

うな語感であるが、山口県ではコビシャク（小柄杓）と呼ばれているので、この言葉からの転訛《てんか》かもしれない。茶の湯で用いる杓に類似しており、茶道の影響かもしれない。

茶粥を掬う道具は今では普通のアルマイトやステンレスのお玉杓子であろうが、吉野郡では栗材を加工した伝統の坪杓子（茶粥杓子とも呼ぶ）が使われ、これも広く用いられていた。

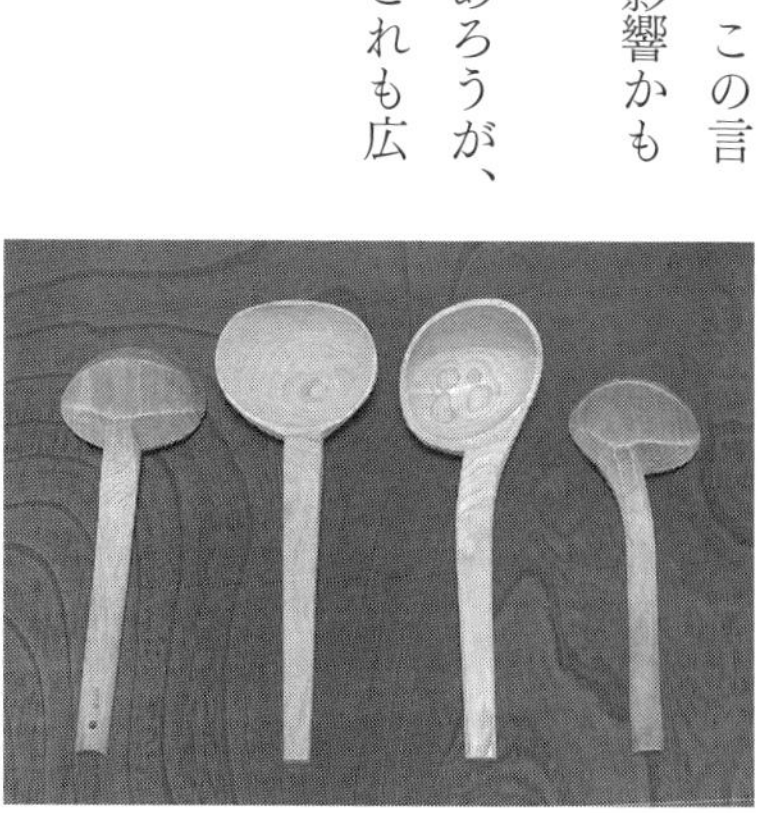

坪杓子各種。大塔村惣谷の新子薫さん製作。「坪杓子の製作技術」は二〇一二年一月に、国の「記録作成等の措置を講ずべき無形の民俗文化財」に選択されている。

コラム

【中家のオクドサン】

日本の民家の形式に「大和棟《やまとむね》」（高塀造り）というものがある。茅葺きの切り妻屋根の両方の妻を白漆喰などで塗り固め、その上に瓦を並べた高塀を設け、この大屋根の片側に、一段低く緩やかな勾配の瓦葺きの落ち棟が付く。勾配の違う屋根、茅と瓦、白壁と木材という違う素材の織り成す色彩と構成が美しい。落ち棟の下には暮らしに一番重要な竈がある。奈良盆地中央部の安堵《あんど》町窪田の中家《なかけ》の主屋は、この大和棟の民家で、二重の濠に囲まれた敷地の中にあり、中世の大和武士の居館を今に伝える貴重な民家である（家と敷地が重要文化財）。

一七世紀中頃に建てられた主屋には、焚き口が一一も連なる半円形のオクドサン（ヘッツイサンとも）がある。立派さと存在感に驚く。御所《ごせ》市から嫁いだ先代夫人によると、コージンサン（三宝荒神）を祀る一番大きな釜は使ったことがなく、二番目も釜、三・四番目は鍋で味噌作り用、五・六番目は鍋で、七・八番目は餅搗き用の釜、九番目は茶を沸かすカンス、一〇・一一番目の釜二つを普段は使っていたという。

柴を燃料にしたが、一般の家では、藁を燃料にしていた。藁の燃やし方も教えてもらったが、少しずつ丸く輪にして次々に燃やさなければならず、とても難しかったという。水害で家が流されたりした時のために、貸出用の持ち運びできる小型のクドも用意してあったという。戦後しばらくして消防団の出初め式の折には、家のオクドサンを貸して、クド全部を使っておにぎりや焼魚や煮物を作ったという。

中家の先祖は、「みんなとともに生きる」という考え方でこれまでやってきた。一町歩ほどのコーダと呼ぶ田で収穫した米は、蔵に入れて蓄えておき、いざという時に、みんなのために使ったという。ともに暮らすという考え方の「おかげ」をいただいていると、亡くなられた夫人は静かに語っておられた。

第四章

茶粥の起源説と歴史

一　いろいろな起源説

大仏建立助力説

「大和の茶粥」と茶粥の代表のように称される奈良県の茶粥であるが、東大寺の大仏建立に協力したのがその始まりとする説がある。第三章で記した昭和一六年（一九四一）三月に食糧報国連盟本部から刊行された『郷土食の研究〔奈良県下主食物之部〕』では、「奈良県の主食物に就いて考察するに第一の問題は粥食である。奈良県の粥食の起源は不明であるが粥の歴史にあらはれてゐるのは古い」とした上で、『日本米食史』の「大和の国揚げ茶粥奈良茶」の項の「聖武天皇の御宇、南都大仏、御建立の時、民家各粥を食し、米を食ひのばして、御造営の御手伝ひをしたりしより、専ら粥を用ることと、云伝ふ、奈良茶といへるは、是より出たることとぞ。」という説を紹介して、その上で「奈良朝時代には勿論用ひられたものと伺はれる」を引用している。[*1]

しかし引用したこの大仏建立助力の説は、幕末の農学者で『広益国産考《こうえきこくさんこう》』などの著作で知られる大蔵永常《おおくらながつね》（一七六八〜一八六〇）の『日用助食《にちようじょしょく》　竈《かまど》の賑《にぎは》ひ』（刊行は一八八五年）を見ると「大和は農家にても、一日に四五度宛茶粥を食する也、聖武天皇の御宇、南都大仏御建立の時、民家各かゆを食し米を喰のばして、御造営

＊1　岡崎桂一郎『日本米食史　附食米と脚気病との史的関係考』丸山舎書籍部・一九一三。臨時病調査会長、陸軍軍医総監の森林太郎（鷗外）から、わが国における食米の精粗と脚気病の消長とに関する史的事実の調査を委嘱された岡崎桂一郎が、一九一二年三月に提出したものを刊行。全一三六八頁に及ぶ大冊。

の御手伝ひをしたりしより、専らかゆを用る事と云伝ふ、奈良茶といへるはこれより出たる事とぞ」とあり、これをそのまま引用したものであることが分かる。
聖武天皇の大仏建立の助力のための米食い延ばしとして茶粥が生まれたという言説は、いかにも人口に膾炙《かいしゃ》しやすいものではあるが、今のところ典拠としては幕末より遡ることはできない。

悪七兵衛景清の潜伏説

源平の合戦に関わり、平家方の武将から茶粥が始まったという話もある。それは先に紹介した奈良市内の墨屋に生まれた宮武正道の手になる昭和七年刊行の『奈良茶粥』に紹介されているもので、宮武は「奈良茶粥と言えば誰知らぬ人は無い程有名になつているが、其の起源を知つている人がない。あちらこちら尋ねて見て、ようやく次の様な傳説を得た」として、次のように記している。

昔、悪七兵衛景清が大仏供養に参詣になる頼朝をうたんとして、今の大門（一名焼門という）の二階に隠れていた時、元来景清は大食漢であつた為、飯を澤山食つた所、何しろ一日中あんな所にすくんでいるのだから運動不足で胸がつかえて仕方がない。そこで茶漬にしてみたが、やはり腹具合が良くない、色々考えて遂に茶を入れて粥を炊いたところ非常に腹具合が良かつた相で、これが奈良茶粥のはじまりだ相だ。しかし、景清が頼朝を討ちそこなつた所を見ると、やつぱりお粥腹だつた。

宮武が「一名焼門」とも称していることから、景清が潜んでいたのは東大寺の寺域の西を限る三つの門（北から転害門《てがい》、中門、西大門）のうちの「中門」だということになる。この説は、宮武正道が叔父から聞いたもので、その叔父はうーやんという散髪屋から聞いたという。散髪屋のうーやんは既に亡くなっていて、直接尋ねることができなかったと正道は残念がっている。

聖武天皇（七〇一～七五六）は言うまでもなく大仏造立の詔《みことのり》を発して、生涯の大事業として東大寺の大仏を完成させた奈良時代の天皇である。景清は平景清で、生没年は未詳であるが平安末期の平家方の侍で、『平家物語』巻四の「橋合戦」には、一〇人の侍大将の一人「悪七兵衛景清」として登場している。叔父を殺したことで「悪七兵衛」と呼ばれたというが、源平の合戦で各地を転戦し、最後は源氏方に降伏して断食の末に亡くなったとも、落ち延びたともされる。出自や経歴ともに乏しいが、その故であろうか後に英雄化し、謡曲・幸若舞《こうわかまい》・浄瑠璃・歌舞伎などの語り物や演劇の世界でさまざまに後日譚が語られるようになった伝説的な人物である。この平家の残党悪七兵衛景清が、源平の兵火で焼け落ちた大仏殿再建の落慶供養の折に、参詣する源頼朝を暗殺しようと企んだという。その時潜んでいたのが転害門だといい、この門は一名「景清門」とも呼ばれるようになった。[*2]

奈良県内には、奈良市（旧都祁村）上深川《かみふかわ》町に伝わる「題目立《だいもくたて》」と呼ばれる中世の語り物（毎年一〇月一二日に上深川の八柱《やはしら》神社の宵宮に奉納。国指定重要無形民俗文化財・ユネスコ無形文化遺産）が伝承され、景清はその一曲「大仏供養」に登場する（二四四頁・コラム参照）。江戸時代には奈良に景清地蔵を祀る堂もあり、[*3]奈良県の東部山間や町中でも武勇の伝承を今に伝えている。

茶粥の起源がこのように有名な人物とともに語られているが、勿論何か証拠らしきものがあるというわけではない。少量の米と茶汁で炊く茶粥は確かに米の節約だったが、聖武天皇の大仏造立の詔の「一枝の草、一把の土」にひかれてか、粥でしのいで大仏造立に協力したという説が民間に生まれたのだろう。「食い延ばし」説にしろ、粥として「消化がよい」ということにしろ、茶粥の現実的な側面からその起源がこれらの著名人に仮託されて語られることもあった、ということを示す以上のものではないと考えるべきであろう。

ただ、大仏建立にしても平景清の頼朝復讐譚にしても、その共通項として東大寺の存在、大仏建立やその再建という事実が介在しているのは、何かを語ってい

＊2　平岡定海『東大寺辞典』東京堂出版・一九八〇。

＊3　『奈良坊目拙解』巻八の勝願院町の項。

るように思われる。

その他の説

茶粥の起源についての言説は、奈良県内では以上の二説がある。[*4] ところで、これまでに紹介した西日本各地の茶粥でも起源を伝える所がある。山口県では、毛利氏の一族である岩国藩の吉川広家《きっかわひろいえ》（一五六一〜一六二五）が、関ヶ原の戦いの後、岩国に移封され、経済を立て直すために、人々が満腹感を感じ、しかも節米になるとして茶粥を食べるように奨励したのが始まりとしている。[*5] また、佐賀県では、鍋島《なべしま》藩が財政窮乏のため宝暦年間から明和・安永期（一七五一〜八一）にかけて藩政改革を行い、さらに天保元年（一八三〇）には「粗衣粗食令」が出されて、茶粥は半ば強制されたものであったという。[*6]

こうしたことが歴史的事実として確定できるかどうかは、さらに検討しなければならないだろうが、奈良県に伝わる大仏建立助力説とも考え合わせると、庶民が自ら茶粥を作り出したというよりは、何か節米を強いられるような状況があり、その結果として苦肉の策としてこうした食べ方が生まれざるを得なかった事情があったのではないかと考えられる。特に各藩個別の状況に加えて、一七世紀半ばに出されたという慶安の触書に見られるように、農民は武家政権下で、まさに「搾

*4　料理研究家の田中敏子は『大和の味』で「茶粥や茶飯は大和茶によって、奈良時代から常食されてきたのである」また「大和では千二百年前から、あるいはそれ以前から茶粥が食べられていたのである」としているが、その根拠は、茶の栽培、また東大寺修二会の執行からの結論で飛躍している。

*5　木村和夫「山口県の茶粥についての調査」『瀬戸内短期大学紀要』一九号・一九八九。中央食糧協力会『郷土食慣行調査報告書』一九四四(青史社・一九七六復刻)。

*6　早川史子他「佐賀の茶粥習俗」『日本食生活学会誌』一二巻二号・二〇〇一。杉谷明他『佐賀県の歴史』山川出版社・一九九八。

取」の対象として、生活の細部に至るまで詳細な指針を示されていたことは、たびたび言及されてきた。「一、百姓ハ分別もなく末の考もなきものニ候故、秋ニ成り候得ハ、米・雑穀をむざと妻子ニもくハせ候。いつも正月二月三月時分の心をもち、食物を大切ニ仕るべく候ニ付、雑穀専一に候間、麦・粟・稗・菜・大根、其の外何にても雑穀を作り、米を多く喰つぶし候ハぬ様に仕るべく候。飢饉の時を存出し候得ハ、大豆の葉、あつきの葉、ささげの葉、いもの落葉など、むざとすて候儀ハ、もつたいなき事に候」とある通りである。

江戸の料理史と石高制下の庶民

わが国の食生活史及び料理史から見ると、その最大の変革期は南北朝の動乱以降だとされる。公家の大饗《だいきょう》料理の影響を受けた鎌倉時代の武家の料理文化はここで大きく変わり、室町時代になると著しく豊かになるという。武家の包丁流派が成立して、体系化された料理法や食事作法が料理書として残されるようになり、本《ほん》膳《ぜん》料理さらに茶の湯の流行から懐石《かいせき》料理という料理様式を完成させる。そしてわが国の料理文化がもっとも発展を遂げ、さまざまな料理書が次々と刊行され、より社会的に広がりをもって受け入れられる江戸時代を迎える。[*7]

ただ、こうした食文化を享受できるのは、上層町民を含めた社会の上層階級の

＊7　原田信男『江戸の食生活』岩波書店・二〇〇九。『江戸の料理史』中公新書・一九八九。

みであり、農業生産は飛躍的に高まりはしたものの、石高制という米を対象とした年貢の収奪システムは全国に統一的に貫かれており、一般の庶民は米への願望が食生活の象徴としてしだいに浸透しながらも、その願いを享受できない状態に置かれ続けてきた。

江戸前期の儒者熊沢蕃山《くまざわばんざん》（一六一九〜九一）は岡山藩主池田光政《いけだみつまさ》に仕えて、治山治水や明暦の飢饉対策など藩政への献策を行ったが、「百姓は年中辛苦して作出したるものを残らず年貢にとられ、其上にさへたらずして、未進となれば催促をつけられ、妻子をうらせ、田畠山林牛馬までをも売らせて、取らるれば、其の百姓、家をやぶりて流浪し、行方なきものは乞食となり、たまたま村里にはさまり居るといへども凶年には餓死をまぬがれず」[*8]と農民生活の厳しさを指摘している。

蕃山が指摘したように、年貢が皆済《かいさい》（全納）できなければ、厳しい追及が行われ、皆済までは庄屋またはそれに代わる者が人質として抑留されたりしたという。小倉《こくら》藩では、親類・組合・仲間が保証できなければ、手錠をかけて庄屋役宅に監禁され、鹿児島藩では期限後に、役人が督促の巡回を行い、有米一切を調べて皆済させ、できなければその家族等を質人として、これを売って皆済させた。未進者には簀巻《すま》きという罰を加えることもあったという[*9]。

石高は、土地の等級に面積を乗じて算出した田畑や、屋敷も含めた土地の予想

＊8　熊沢蕃山『集義外書』宝永六年（一七〇九）。

＊9　児玉幸多『近世農民生活史　新稿版』吉川弘文館・一九五七。

生産量のことで、これに年貢率を乗じた年貢が村単位で「年貢免状」として示され、現物で徴収される。大名や武士の知行も石高で与えられ、軍役負担もこれにより定められた。このシステムが石高制と呼ばれて、近世封建制の体制原理であった。武士も農民もこの制度下で全国的に支配されることになり、世界に類を見ない集権的な封建制が成立したといわれる。石高制のもとで年貢収奪をされた近世の庶民の食生活史は、この体制に深く影響されたものとなり、さきに示したような上層の食生活史・料理史とは別のものとなったのは当然のことであった。

こうした全体的な状況の中で、貢納負担を強いられた人々は、米の価値観を高めながらも、米の消費は抑えざるを得ないものとなり、そこに近畿先進地域で貧しい者の立場から考え出した融通の効く新しい食べ物が「茶粥」であったのではないだろうか。

岩国藩での茶粥起源説について中村羊一郎は「これは歴史的事実というよりも、ある時点で茶粥が貧しい食品であるという認識が広まってきたので、そのイメージを払拭《ふっしょく》するために身分の高い人が勧めた食べ方であるという起源説を付与したものと考えられる。[*10]」としている。庶民は真の原因を成す社会体制そのものへの批判には至らないものの、その貧しさの背景に近世初頭の政治があることを直感的に悟りながらも、理屈付けを行い、自ら納得をしようとしたのだろうか。

＊10　中村羊一郎『茶の民俗学』名著出版・一九九二。

茶粥の起源説が、岩国藩の近世初頭、また鍋島藩の江戸中期、また大和では奈良時代の大仏建立にまで遡って説かれるなど、時代は異なるもののその背景には既に述べたような厳しい近世石高制社会の論理が反映しているように思われる。

『料理物語』の「奈良茶」

江戸時代の豊かな料理史と庶民の食生活の両者の絡み合いについて、興味ある話題が登場する。それが寛永二〇年（一六四三）に刊行された料理書『料理物語』第一九部茶の部に登場する「奈良茶」である。そこでは

奈良茶。まつちやを少いりてふくろに入て。あづきと茶ばかりせんじ候。扨大豆と米入候を半分づゝいり候てよく候。大豆は引わりかはをすてよし。又さゝぎ。くわゐ。焼栗なども入よし。山椒のこ鹽《しほ》かげん有。何もにかげん大事也。

と書かれている。

冒頭の「まつちや」は、「まづ茶（葉）」と解するものと「まっちゃ（抹茶）」と解する二説がある（一九九頁参照）。白粥に抹茶を振りかけるという方法があるこ

とは既に紹介した。現在の様な粉末であれば袋に入れる必要が無いと思われるが、粉茶を指すのであれば、炒って焙じ茶にする意味と考えられる。焙じた茶を袋に入れて、小豆と茶を煎じる。さらにここへ大豆と米を半分ずつ入れるとしており、ささぎ・くわい・焼栗を入れてもよく、山椒の粉や塩を用いて味付けをするとしているなど、今日のいわゆる茶粥とはかなり様子の異なるもので、「茶飯」ではないかと思われる。[*11]

このように、茶飯と思われる「奈良茶」に対して、茶粥をも「奈良茶」と呼ぶ場合があった。

*11 『続群書類従』第五六五・一九輯下、『日本国語大辞典』八、小学館「奈良茶」より。中村羊一郎『番茶と日本人』にも引用あり。

弥二郎の「奈良茶」

奈良茶粥は奈良茶飯とともに「奈良茶」と呼ばれて近世の文芸や随筆などに散見される。茶粥の起源譚としてより具体的に語られるのが、河内国石川郡大ケ塚《だいがつか》(現大阪府南河内郡河南町)の河内屋五兵衛《かわちやごへえ》(壺井五兵衛、一六三六～一七一三)が元禄から宝永年間に書き記した『河内屋可正旧記《かわちやかしょうきゅうき》』巻五の「奈良茶のこと」(元禄元年から六年の間に書かれたと思われる)の部分である。これには

一、奈良茶ト云事、往昔南都ニ弥二郎ト云者、貧キ身ニテ仕始メタリ。此故

ニ名ト成テ弥二ヲタカン弥次ヲ用ンナンド云トゾ。酒殿権右八十ノ翁ト成テ、予ガ若カリシ時語ラレシガ、今南都ノ人ニハ弥次トハイハズ、茶ヲタク、茶ヲノマン、ナンド云リ。何事モ皆ウツリカハル世ノ中ゾカシ。扨当地ヘハ、高畠ノ祢宜《ねぎ》音楽ノ為ニ出入セラレシ故、習テ隣郷ヨリモ早ク用ヒ始タリ。尤ムツカシカラズシテ倹約ニタレリ、貧家ニハ捨ガタキ物ト思ヒシニ、此比廿年計以来ハ、奈良茶ト云テ茶ニテ食ヲタキ、茶ヲ数々調テ用ルヤウニ成タリ。[*12]

と記されている。この記述は、①元禄より遡る筆者若き頃に、八〇歳の老人から昔のこととして、南都の弥二という貧しい男が奈良茶を始め、「弥二ヲタカン弥次ヲ用ン」と称していたこと。②元禄頃にはすでにそのことも忘れ去られ、茶をたく、茶を飲まんと言うようになっていた。③大ヶ塚に伝えたのは南都高畠の春日社の祢宜であったこと。④茶粥は倹約のためと理解されていたこと。⑤一六七〇年代以降（延宝頃から）茶飯としての奈良茶が流行し出したことなどを伝えている。

ここにいう「奈良茶」が茶粥であることは、⑤の茶飯としての奈良茶の記述からも分かるが、より具体的には、「弥二郎」は、貧しき身で始めたことから、米の増量策として茶粥が考案されたことが推測できる。

さらに江戸時代の全国的な規模の方言辞典『物類称呼《ぶつるいしょうこ》』[*13]には

＊12　『河内屋可正旧記』清文堂史料叢書・一九六五。

＊13　越谷吾山『物類称呼』安永四年（一七七五）。東條操校訂・岩波文庫・一九四一。

奈良茶 ならちや○大和奈良にて。やじふと云　畿内にて、ならちやがゆと云
諸国にてならちやと称、するはならちやめし也　宇陀法師ニ〳〵たしかなる夢を掃込む椽の下　といふ句に、
茗粥《やじふ》たく火の夜は明にけり　と李由が附たり

とあることから用例が確認でき、奈良茶＝茶粥であるが、諸国では茶飯のことを言うとあり、茶飯の流行と符号している。可正の若かりし時を仮に二〇歳とし、八〇歳の酒殿権右翁が、五〇年前の昔語りとすれば、南都弥二の茶粥は江戸時代初期となる。またそれ以前のことかもしれない。

　近世奈良町の町の状況を知るのに便利な『奈良《なら》坊目《ぼうもく》拙解《せっかい》』を著した無名園古道の子、村井道静無名園若水が、正徳三年（一七一三）に記した『南都名産文集』に、「奈良茶　宇治茶は勿論茶にして、なら茶といへるおなしとなへながら、茶にかしきたる飯なるこそおかしけれ、又外国茶粥といへるを煎茶とよひたるまたおかし、かの弥十こそ大なる秘事あれ、猶風流を好んては寂焼栗のたくひ芋ぬかこやうの煮合せ品こちたるも時の風情とす（以下略）」と記している。[*14] 茶粥を大和で「煎茶」と呼ぶこともあったことや、これに「弥十」が関わっていたことも分かる。

　また、高田十郎が個人雑誌として刊行していた『なら』には、高田の茶粥報告に対する越智《おち》宣昭からの情報提供として

＊14　水木直箭・岡本勝 解題翻刻「南都名産文集」『青須我波良』三号・帝塚山短大日本文芸研究室・一九七一。

南都古記ニ云フ、茶粥ヲやじうトイヘルハ、寛永年中ニ、小西町井戸屋弥十郎トイフモノ、初メテ仕出シ侍ル。弥十郎ヲ略シテ弥十トイフナリ。弥十郎息、中坊作州へ、小姓奉公ニ出ルノ後、右やじうトイヘル言葉ヲ、停止イタスベキ、ト御触有テ其後改メテ、やじうをセンチャ又ハ茶粥ト謂フト、云々。此事二條法印旧記ニモ有リ、又、俳諧師汶村が南都の賦に、奈良茶は、ヤヂウと名づけ、昼飯を硯水といふトアリ。小西町古老ノ言ニ、右弥十郎ハ、元、酒屋ニシテ、其の屋敷址は、現に我が書院の屋敷なりと伝ふ。[*15]

「我が書院」とは正気《せいき》書院、宣昭の養父はこの正気書院という漢学塾を開いた漢学者越智宣哲《せんてつ》（一八六七～一九四二）で、この短信によれば「弥十郎」は小西町の住人で、茶粥は寛永年間（一六二四～四四）に始められたということになる。

ここで分かったことを改めて整理すると、この茶粥の作り方は、管弦のために大ヶ塚に出入りしていた奈良の高畑の神職から習ったもので、もともと倹約のためで貧家には捨てがたいものだったこと、元禄期には河内まで普及していた「やじ」は、「やじふ」「弥十」とも呼ばれ、地元奈良でも茶粥を始めた人物の名が伝えられていた。茶粥を「やじう」というのは、寛永年中に小西町井戸屋弥十郎という者が初めてやり出したからで、古老の言では、弥十郎はもと酒屋でその屋敷

＊15　大正九年八月二二日付葉書、『なら』三七号に「補遺ノ数々」として掲載。

跡が後の正気書院だという。正気書院は漢学者越智宣哲が創立した学校で、場所は現在の奈良市内の繁華な商店街の一つである「小西さくら通り商店街」の西側にあった。

つまりこれによれば、茶粥は江戸時代初期頃に、倹約家の奈良の町民の発案で、現在の近鉄奈良駅のすぐ南西の小西町から始まったことになる。奈良の茶粥発祥についてのこの話は一部識者に知られていただけで特に人々に広がることもなく、聖武天皇大仏建立助力説などが知られていただけだった。江戸時代の始まりではどうも納得いかず、奈良時代まで飛躍させてしまう心情があるのだろう。身近な「事実」より「期待する事実」を求めるのは茶粥だけの話ではない。大仏建立が奈良時代であるため、茶粥も奈良時代から始まったものだろうと推測する説が出て、弥二郎起源譚はこれまで特に顧みられることもないままにうち過ぎてきた。ここが「奈良茶粥発祥の地」とでもいうべき商店街は、いつも通りの賑わいを見せている。

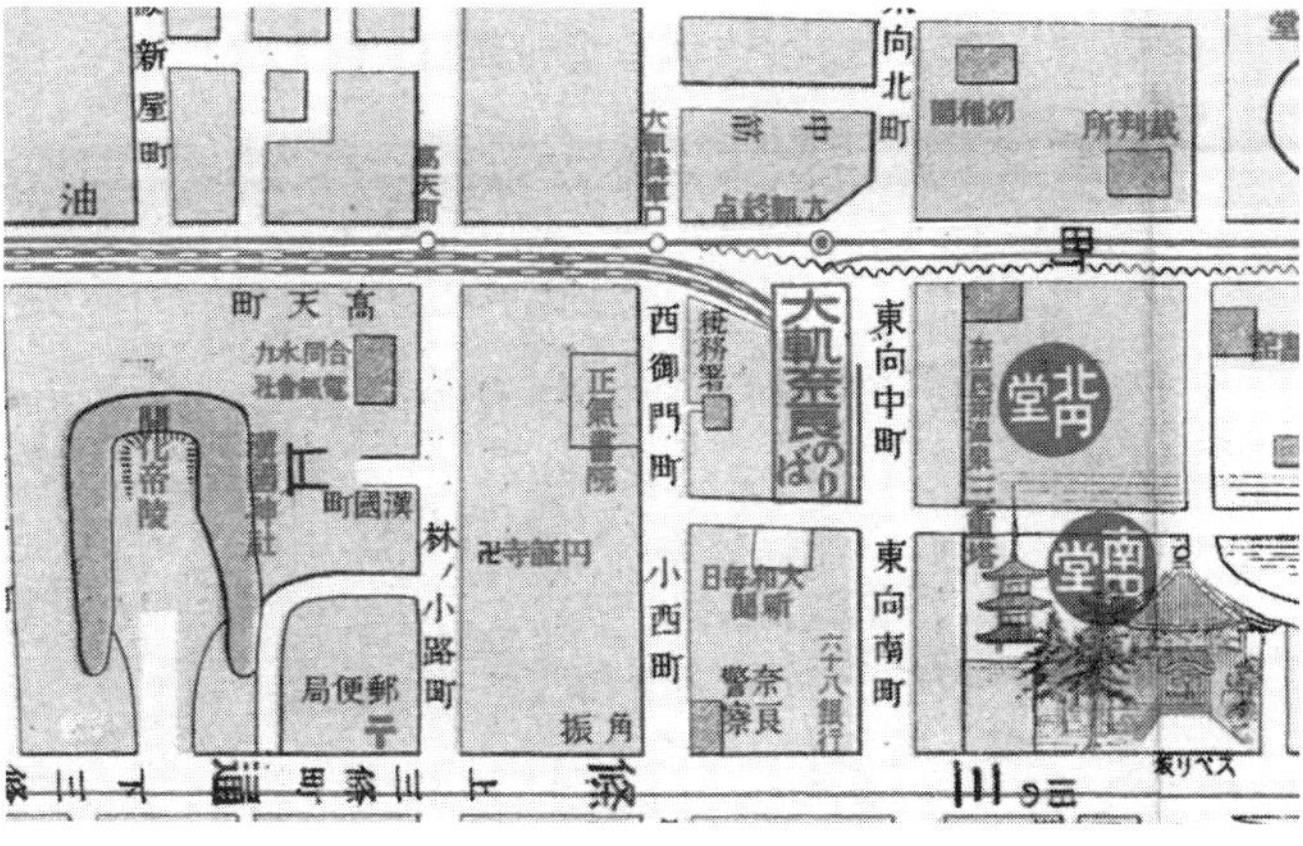

やじふ（茶粥）が生まれた小西町付近（図の中央、『奈良名勝案内図』部分・一九三五年）

二　歴史の茶粥

文献に見える茶粥

奈良茶という言葉が、茶粥にも茶飯にも用いられていることは先にも記した。県内の文献として、中世史家永島福太郎が『大和国無足人《むそくにん》日記』を用いて、東山中田原郷の無足人山本平左衛門が「奈良茶」を食べていることを報告している。

平左衛門は享保五年（一七二〇）正月二一日、八〇歳の折に寄寓していた法隆寺中院で病床についていたが、この日「今朝、奈良茶一盃を食せしむと雖も甘《うま》からず」と記している。人心地がついて「蘇生之意」を感じて、「死テ（出）之山 行モツクサテ 麓ヨリ 立カヘリシハ 夢カウツツカ」などという歌を詠んでいる。二八日には「今朝、快にて奈良茶四盃を喫す」とある。今日一般には、普段は茶粥を食べていても、病気の時は白粥を食べるとする所が多いので、この奈良茶（粥）も快方に向かったため食べる気になったのであろうと思われる。その後病状が悪化し、死期が近づいていると感じたため遺言をしたが、再び快方に転じている。病気から快方にむかったとしても、茶飯四杯は考えにくく、「喫す」としていることからも流動食の茶粥であると考えられる。

また春日大社正 預《しょうあずかり》 中臣延栄の記した『正遷宮神事潔斎記』の明和三年（一七

六六）九月二一日条に、精進食として「茶粥」を食べたことが見えている。[*16] 日常の食である茶粥は記録に残りにくいが、病気や精進という常でない事態に立ち至って珍しく記録に残されたものと思われる。茶粥を食べている用例は知識層の記録からさらに発見できるかもしれない。

*16　永島福太郎「茶がゆ」『淡交』一九九七年二月、『初期茶道史覚書ノート』二〇〇三再録。

『養生訓』に見える「奈良茶」

大和を何度も訪れて、『大和河内路記』や『和州巡覧記《わしゅうじゅんらんき》』の著作もある貝原益《かいばらえき》軒《けん》は、正徳三年（一七一三）刊行の『養生訓《ようじょうくん》』巻四の「飲茶」の項で「奈良茶を食べる習俗」を書いている。ここで「大和国中は、すべて奈良茶を、毎日食す。飯に煎茶をそそぎたる也。赤豆《あづき》、豇豆《ささげ》、蚕豆《そらまめ》、緑豆《ぶんどう》、陳皮《ちんぴ》、栗子《くり》、零余子《むかご》などを加え、点じ用ゆ。食を進め、むねを開く」と記している。この奈良茶は、飯に煎茶を注いだ物としている。これは茶粥というより、茶漬に該当する食べ物である。

この項の冒頭の「養生上から見た茶の効用と害」で、茶は「性冷にして気を下し、眠りをさます。」とし、「煎茶は、用ゐる時炒りて煮る故、やはらかなり。故に常には煎茶を服すべし。」としている。飯に煎茶を注いだ物を奈良茶としているのは、このように煎茶を勧める立場からであろうか。益軒は実際の茶粥を食べていなかったように思われる。

コラム

【「題目立」の景清】

奈良県東部山間の奈良市（旧都祁《つげ》村）上深川町に伝わる「題目立《だいもくたて》」という語り物芸がある（国指定重要無形文化財、ユネスコ無形文化遺産）。

毎年一〇月一二日、氏神八柱神社の宵宮に、素襖《すおう》に立《たて》烏帽子《えぼし》姿の若者たちが、本殿下の竹柵で囲われた簡素な舞台で、源平の戦にまつわる「厳島《いつくしま》」や「大仏供養」を語る。その歴史は室町時代末期まで遡る。演じるのは、数え一七歳で宮座入りした若者八、九人で、「厳島」の場合、参籠所の長老から「一番 清盛《きよもり》！」と名指しされると、清盛役は「われはこれ平家の大将安芸守《あきのかみ》清盛とはわがことなり。」と独特の抑揚を付けて語り始める。所作はほとんどないが、青年の声は清々しい。終末近くに、演者の一人が中央の板敷きに進み出て、周りの者が「ヨロコビの歌」を唱和する中、板敷きを踏み鳴らすフショ舞の所作も、強い印象を残す。

「大仏供養」は、源頼朝が東大寺の大仏開眼のために都から下向する時、戦いに敗れた平家の残党景清がその暗殺を企てる物語である。奈良大衆《だいしゅ》（僧兵）に変装した景清は「我はこれ、平家の侍大将に、悪七兵衛《あくしちびょうえ》景清と申者にて候也」と名乗って頼朝を狙い、奮戦するも果たせず遁走する。次に頼朝の春日社参詣を知って、神人《じにん》の扮装をして待ち伏せるが、またもや見破られる。三度目には開眼供養を終えて京へ向かう時に、体に漆を塗り付けて乞食姿となった景清が機会を狙うが、またしても正体を悟られ、「無念なりこはいかに、一度の奉公なくしては、ここにてもかしこにても恥辱をあたへ給ふことこそ、世にも無念に存じ候へ」と戦いを挑むが、多勢に無勢でかなわず、姿をくらます。

題目立では、景清が東大寺転害門《てがいもん》に潜む場面はないが、頼朝必殺を執拗にたくらむ荒武者景清は奈良の地で伝説化され、江戸時代には勝願院町に弓を手にした景清地蔵が祀られ（今は新薬師寺に祀られる）、付近は景清辻子《づし》と呼ばれていた。

第五章

奈良茶飯の登場

一　明暦の大火

骨灰の都市

日本全国の富を集めて長く繁栄を誇る東京は、江戸期のたび重なる大火、その後の関東大震災、東京大空襲など無数の犠牲を払った土地の上にある。こうした状況を小沢信男は『東京骨灰《こっぱい》紀行』で「死屍累々《ししるいるい》の果ての繁栄」だと語っている。[*1]

かつて両国に宿泊し、朝に江戸東京博物館近くの横網町公園を散歩した。公園の中の東京都慰霊堂に足を踏み入れた途端、堂内に漂っている空気の異様な静けさと重さを肌で感じた。また海難や災害で無念の死を遂げた人々の供養塔の頭上で、大銀杏が微動だにせずに枝を広げていた回向院《えこういん》の墓地は、今思い出しても凍り付いた空間だった。訪れるたびに変貌を遂げる巨大都市東京の片隅で、過去の惨劇が地層の裂け目から吹き出している。

思えばこのような感覚は、その時だけではなかった。東京の町中を歩いていると、都会的な光景ばかりではなく、町の片隅で、時にざらついた暗い印象を与える小さな空間に出くわすことがある。雨の時などはなおさらで、濡れた木々の幹や地面が黒々としていて、静かだが不気味さが漂う空間に遭遇した。これは一体何だろうと思うことが時折あった。関東の土壌のせいかとも思ったが、横網町公

*1　小沢信男『東京骨灰紀行』筑摩書房・二〇〇九。

園や回向院を歩き、小沢の本を読んで、時間の停止した黒い光景の意味がようやく分かった。

江戸と大火

「江戸」の名称が文献に現れるのは鎌倉初期である。それは「江戸太郎重長《しげなが》」という名で登場する。その後、一五世紀半ばに関東管領《かんれい》の上杉氏の執事太田道灌《おおたどうかん》がこの地に城を構え、さらに百年余り経った天正一八年（一五九〇）八月一日、太閤秀吉の意向により、徳川家康が江戸に移り住んできた。いわゆる「江戸御打ち入り」である。関ヶ原の戦いで家康が勝利を摑み、慶長八年（一六〇三）に征夷大将軍に任じられて江戸が天下の中心となり、その後家康・秀忠《ひでただ》・家光《いえみつ》と三代にわたって、山を切り崩し、土地を埋め、水路を設け、市街地を造成し、その中心に江戸城を据えて城下町を作り上げた。武家の社会を支えるために、職人や商人が呼び寄せられ、急速に人口が膨れ上がり、次第に巨大化する江戸を待ち受けていたのは火災だった。

家康の江戸入部から明暦《めいれき》までたび重なる火事が起こっているが、特に規模が大きかった火災が、慶長の大火（慶長六年・一六〇一）、寛永の大火（寛永一八年・一六四一、桶町の大火）、明暦の大火（明暦三年・一六五七）であり、さらに明和の大火

（明和九年・一七七二、行人坂の大火）などもあった。慶長六年の火事は、閏一一月二日、日本橋駿河町《にほんばしするがちょう》から出火し、江戸のほぼ全域が焼亡したとされる。寛永一八年の火事は京橋桶町から出火したので「桶町の大火」と呼ばれ、この後大名火消の制度が生まれた。

明暦の大火（振袖火事）

桶町の大火から一六年後の明暦三年、正月早々江戸の町では各所で火事が発生していた。前年から旱魃《かんばつ》で雨が降らず、井戸水も涸れ始めていたという。一月一八日昼頃、江戸の北方、本郷丸山（現東京都文京区）の本妙寺《ほんみょうじ》から出火したという火事は、折からの北西の強風にあおられ、たちまち風下の日本橋・佃島《つくだじま》・本所《ほんじょ》・深川と燃え広がり、川を越え、海を越えて延焼した。翌朝にはようやく鎮火したかにみえたが、昼頃小石川鷹匠町《こいしかわたかじょうまち》から出火し、その夜にはさらに麹町《こうじまち》から出火し、燃え残った所を焼き払い、火は遂に江戸城にまで及び、西の丸を残して本丸・二の丸・三の丸まで焼き払ってしまった。町家から社寺、大名屋敷や江戸城、蔵や橋まで焼き尽くし、文字通り江戸は焦土と化した。翌々日二〇日は

明暦の大火（浅井了意『むさしあぶみ』より）

朝から激しく風が吹き、風が静まると今度は雪が降り始め、住む家を失った上に、大雪になって多くの人々が凍死した。

二日間で将軍のお膝元、新興都市江戸の三分の二を焼き尽くしてしまったこの大火の死者の数は定かには分からず、『本所回向院記』や『むさしあぶみ』などは一〇万人以上とし、少ないもので三万七千人余りとしているが、歴史学の立場から初めてこの大火を本格的に研究対象にした黒木喬《くろきたかし》は、おそらく五〜六万人の焼死者がいたのではないかと推定している。[*2] 大火四年後の万治四年（一六六一）、江戸に住み仮名草子や名所記などを著していた浅井了意《あさいりょうい》は、この火事の様子を、『むさしあぶみ』という実録的な草子で描いた。猛火の中、家財道具を持ち出して逃げ惑う人々、逃げ場を失って次々に川や堀に飛び込む人々、出火のため一時的に囚人を解放した「切り放し」の様子などが克明に描かれている。

明暦の大火は「振袖火事」とも呼ばれる。ある商人の娘が花見の頃、上野で見かけた若衆に恋い焦がれて亡くなった。着ていた紫縮緬《ちりめん》の振袖が人手に渡って、さらに年頃の娘が次々と亡くなり、ついにその振袖を寺で焼いたところ、火が寺に燃え移って大火になったという因縁譚が語られるようになる（一六七頁・コラム参照）。火元が丸山本妙寺とされながら処罰の対象とされた形跡がないことなどから本妙寺火元引き受け説や江戸再開発のための幕府放火説など、多くの人々の関心

＊2　黒木喬『明暦の大火』講談社現代新書・一九七七。

を呼んだまことに大きな災害だった。

未曾有《みぞう》のこの大火で、家康・秀忠・家光と三代にわたって築いてきた江戸は、死屍累々の惨状を呈する町に成り果てたが、幕府は大火の翌日、まず人心の安定を図るため関東一円に田畑の耕作に油断なく勤めるよう触《ふれ》を出し、国内各地には将軍安泰を知らせる飛脚を送った。三日後の正月二一日からは、二三日間にわたって一日に千俵ずつ被災者に粥を炊き出す「粥施行《かゆせぎょう》」を行い、焼死者を取り集めて牛島新田《うしじましんでん》（現墨田区東両国）に二〇間四方（約三六メートル四方）の大穴を掘って埋め、その供養を執り行った。そこは後に回向院（国豊山無縁寺）となった。

また大火の原因を放火と見なして、褒賞金を示して放火犯追及の姿勢も示した。同時に大坂や駿府から金銀を江戸に輸送して、罹災した大名に恩貸《おんたい》銀を、旗本御家人《はたもとごけにん》には給米に前借りを許して拝領金も与え、町々には銀で一万貫（金で約一六万両、二四〇億円ほどか）を配布した。

江戸の復興

被災者の救済措置を迅速に進めながら、同時に一月二七日からは江戸各地で測量を進めて町作りのための地図の作成を始め、前々から懸案であった市街整備と復興作業が同時に進められた。当時の将軍は、一一歳で将軍職を受け継いで六年目の四代将軍徳川家綱《いえつな》。この将軍を補佐したのが叔父の会津藩主保科正之《ほしなまさゆき》、先代家光時代から重用《ちょうよう》された老中の松平信綱《まつだいらのぶつな》と阿部忠秋《あべただあき》などの集団指導体制だった。この体制の下で、大名屋敷や寺社を移転させ、道幅を広げ、火除地《ひよけち》を造り、隅田《すみだ》川に橋を架け、本所・深川などの湿地開発を進めて、江戸の町は外へ外へと拡張された。

こうして急速に進められた復興と開発の事業のために、さらに多くの人手や資材が江戸に集中し始めた。幕府は六月には職人の手間賃の高騰を抑える触も出さざるを得ない状況となっている。徳川政権と江戸の町の存亡の危機ともいえる一大緊急時に、幕府は次々に機敏な施策を打ち出した。三六〇年以上後の日本で、新型感染症が流行するさなかの時期遅れで珍妙な対策と比較すると、政権の質の落差に暗澹たる思いを抱く。

二　奈良茶飯の登場

「明暦以後」登場説

江戸復興のための各種建設事業が続く活況のさなか新しい食べ物が現れた。「奈良茶飯」「奈良茶」という食べ物だった。その登場を伝える文献はいくつかある。

（一）事跡合考《じせきがっこう》ニ云。明暦大火の後。浅草金龍山待乳山門前の茶店に始て茶飯。豆腐汁。煮染。煮豆等をとゝのへて。奈良茶と名づけて。出せしを。江戸中はしばしよりも。金龍山の奈良茶くひにゆかんとて。ことの外めづらしき事に興じけり。それよりおひ〳〵さま〴〵の美膳店出来しより。いつしか彼聖天の山下の奈良茶。衰微におよびたり云々案るにこれ江戸のならちやめしを売るはじめなるべし。[*3]

（二）奈良茶飯　明暦大火後、浅草金龍山の門前に、始て茶店に、奈良茶飯、豆腐汁、煮染、煮豆等をとゝのへて、奈良茶飯と名づけて出せしを、江戸中端々よりも、金龍山の奈良茶くひにゆかんと、殊の外珍らしくにぎはひし、と事跡合考に見へたり、奈良茶といふは、和州奈良の土人、朝食に茶粥をもちゆる故に、茶飯を奈良茶といふ也。[*4]

（三）此時代、[*5] 今の如き美食を商ふもの、更になし。明暦災後、金龍山の門前に、始て菜飯、豆腐汁、煮染、大豆等をとゝのへて、奈良茶と名づけて出せしを、江戸中端々より金龍山のならちや喰ひにゆかんとて殊の外珍しき事に興じたるとなり。[*6]

＊3　山東京伝『近世奇跡考』文化元年（一八〇四）。

＊4　伊東蘭洲『墨水消夏録』文化二年（一八〇五）、『燕石十種』所収。

＊5　此時代とは明暦年中、今とは刊行時の嘉永年間。

＊6　斎藤月岑『武江年表』嘉永三年（一八五〇）。

(一)(二)は、ほぼ同時期に著された文献である。『近世奇跡考《きんせいきせきこう》』は山東京伝《さんとうきょうでん》(一七六一〜一八一六)が書いたものである。京伝は江戸深川に住み、浮世絵を描く絵師で、黄表紙《きびょうし》や洒落本《しゃれぼん》なども書いた戯作者としても有名な人物で、江戸の風俗の考証も行った。『墨水消夏録《ぼくすいしょうかろく》』は、漢学者伊東蘭洲《いとうらんしゅう》の著で、「墨水」とは隅田川のこと。この川を中心に江戸の旧事を記録したものである。蘭洲は京伝の漢学の師匠だった。この二書は、明暦の大火より一五〇年ほど経た一九世紀初めの書物であるが、ともに明暦大火後に、浅草金龍山の門前で奈良茶飯が生まれたとしている。*7

(三)は幕末嘉永年間(一八四八〜五四)に武蔵国江戸(武江《ぶこう》)で起きたことを三〇〇年間にわたって記録した年代記で、江戸の庄屋斎藤月岑《さいとうげっしん》の著したものである。

以上三者の記述をまとめると以下のようになる。

①「奈良茶」または「奈良茶飯」は、時期は特定されていないが、明暦の大火の後に登場した食べ物としていること。

②「奈良茶」「奈良茶飯」と呼ばれた中身は、茶飯・豆腐汁・煮染・煮豆などが揃った献立、いわばセットメニューとして登場した。ただ『武江年表』のみは、茶飯ではなく「菜飯」とするが、これは誤記と思われる。

③奈良茶の誕生を、『墨水消夏録』と『武江年表』の二書はただ「浅草金龍山の門

*7 『墨水消夏録』と『近世奇跡考』が引用する『事跡合考』という書物は、柏崎永以が延享三年(一七四六)から起筆したものというが、これを収載する『燕石十種』の『事跡合考』を見ても奈良茶飯に言及している部分は見いだせない。森銑三は『燕石十種』に収められたものは「甚だしい抄略本で、殆んど取るに足りない。」(『随筆辞典 五 解題編』東京堂出版)としている。完本を筆者は未だ確認し得ていないが、二書の引用には根拠のあるものと見做している。

前」「金龍山門前」としているが、『近世奇跡考』は「浅草金龍山待乳山門前の茶店」であるとより具体的に店の場所を特定している。

さらに奈良茶の由来を示す以下の文献がある。

（四）浅草金龍山の麓茶屋、元を奈良茶と称するは、奈良の民屋、朝夕はなら茶を用ひ、昼餉のみ飯を食す。其の奈良茶江戸にていとなむに異なり、茶を以て米をやはらかに煮て上露多し、江戸にていふ所の茶粥なり。*8

享保二〇年刊行の『続江戸砂子《すなご》』は、「奈良茶」が奈良の民間のもので、江戸のものとは異なり茶粥であると説明している。「浅草金龍山の麓茶屋」と表現しているところから、待乳山の麓の茶屋を示しているように思われる。

*8　『続江戸砂子』享保二〇年（一七三五）。

「天和」登場説

奈良茶飯の登場が明暦以後ではなく、その二十数年後の天和《てんな》年間（一六八一～八四）頃、また享保年間（一七一六～三六）の半ば頃とする文献も見られる。

（五）料理茶屋　百五六十年以前は、江戸は飯を売る店はなかりしを、天和の比、始めて浅草並木に奈良茶の店ありしを、諸人珍らしとて、浅草の奈良茶飯喰はんとて、わざわざ行きし由、近古のさうしに見えたり。[*9]

（六）享保の半頃迄、浅草観音へ丸の内より出る其の途にて、価を出し食事せん事思ひも寄らず、煎茶もなく、殊に行掛りに茶屋へ料理などを申付ても、中々出来せず、一人前、二汁五菜、拾匁、二十匁にて仕出す、茶屋、塩町、両国、浅草などに、一二軒有といへども、前日か当日朝早く申付ねば出来ず、然るに、其頃金龍山の茶屋にて、五匁料理といへるを仕出し、行掛に申付れば、二汁五菜を仕出す、人々の好に随ひ、殊の外流行。[*10]

*9　山東京山『蜘蛛の糸巻』弘化三年（一八四六）。

*10　『反古染』宝暦三年（一七五三）書写、『続燕石十種』所収。

（五）の『蜘蛛の糸巻』の著者山東京山《きょうざん》は先に紹介した山東京伝の弟で、料理茶屋の初めが浅草並木の奈良茶の店だとしている。（六）の『反古染《ほうぐぞめ》』は越智久為《おちひさため》の著作を橘武が宝暦三年に筆写したものという。これは奈良茶飯の起こりを述べるものではないが、享保の半ば頃までは金を出して外で食事をすることは思いも寄らなかったといい、それができるようになっても、前日か当日早くに一〇匁、二〇匁の料理の予約をしなければならなかったのが、金龍山の茶屋では当日の注文で、五匁で二汁五菜の料理が食べられるようになったことを伝えている。

『続江戸砂子』は奈良茶が奈良では茶粥であるとしており、『墨水消夏録』では、さらに「奈良茶といふは、和州奈良の土人、朝食に茶粥をもちゆる故に、茶飯を奈良茶といふ也」と説明を加えている。和州とは「大和国」のことで、その奈良の「土人」つまり「土地の人間」が、朝食に茶粥を食べるので茶飯を奈良茶といっている。「奈良茶飯」が「奈良茶」と略称され、人々の関心を呼ぶに随って、奈良での実態も江戸の人間に次第に知られてきたことが窺えて興味深いが、この説明では、「茶粥」は「茶飯」であり「奈良茶」であるということになる。実はこれは一面不正確で一面正しいが、字義通りには理解に苦しむ。

茶粥は茶で炊いた「粥」であり、茶飯は茶で炊いた「飯」である。しかしこの後紹介するさまざまな文献でも、粥と飯は混同され、粥も奈良茶、飯も奈良茶と呼ばれるなど、実はその用語法は混乱している。その混乱の理由をも含めた奈良茶飯の成り立ちを、この後にさらに考えてみたいが、まずは言及されている食べ物が、「粥」なのか「飯」なのかを意識的に区別しながら、以後の話を進めることにしたい。

新しい外食の店

奈良茶飯が明暦の大火後に出現したという説を紹介し、さらに天和年間に出現したとする説も示した。報知新聞社会部記者で後に小説も書いた矢田挿雲《やだそううん》（一八八二〜一九六一）も『江戸から東京へ』の中で「天和年間、初めて浅草へ、奈良茶飯なる簡易食堂ができて（一六六頁参照）、一人、五分ずつの奈良茶に、豆腐汁と煮豆ぐらいの粗菜を食わせ、市民の喝采を博して」（『江戸から東京へ』三）と語っている。[*11] 挿雲の天和説は、山東京山の『蜘蛛の糸巻』の説に拠ったものだろう。

すでに述べたように、山東京伝は『事跡合考』を引用して、金龍山を待乳山とし、聖天の麓の奈良茶飯を紹介しているが、京伝の弟京山は『蜘蛛の糸巻』で「天和頃、浅草並木に奈良茶飯の店」と記している。弘化年間（一八四四〜四八）から一五〇〜六〇年遡ると、天和・貞享から元禄初年頃となり、明暦の大火からは三〇年ほど経過しているが、その頃、浅草並木町で奈良茶飯はかなりの評判となり、ここが元祖という話もあったようだ。奈良茶飯の始まりについては二〇年から三〇年足らずの差があるが、今のところ断定できる典拠はない。

しかし明暦の大火の後に、幕府が発した御触書を見ると、火事については特にさまざまな触を出し続けているが、大火後の明暦三年六月四日には、「今度江戸中火事以後、諸職人手間料高直之由候間、向後は高利不可取之候[*12]（以下略）」とあり、大火以後、職人の手間料が「高直」、つまり高値であるためその高騰を抑える触を出している。江戸再建のため多くの職人が流入し、その賃金が高騰しているとい

＊11　川田壽『江戸名所図会を読む』東京堂出版・一九九〇。

＊12　『御触書寛保集成』岩波書店・一九五八。

う社会状況の方が、新しい外食としての奈良茶飯が生まれる背景として考えるのが妥当ではないかと思われる。

つまり、「明暦の大火」の後、あまり年月が経過しない頃に、待乳山聖天の麓で奈良茶飯が生まれて話題を呼んだ。それを近くの浅草寺門前の並木町でまねる者があり、こちらの方が評判を呼び、江戸の各地に広がることになったというのである。さらに簡便な外食の店、料理屋として利用しやすくなったのが、享保年間半ば頃とおおよその見当を付けることができる。

待乳山聖天の麓から

外食としての奈良茶飯が誕生したのは、明暦の大火（一六五七）以後であることは間違いないと思われるが、それは具体的にどの辺りだったのだろうか。現在の感覚では、金龍山といえば三社祭《さんじゃまつり》や仲見世《なかみせ》の繁華で有名な浅草寺と考える人が多い。随筆家・考証家の柴田宵曲《しばたしょうきょく》（一八九七～一九六六）は『墨水消夏録』を引用して奈良茶飯の登場した場所を浅草寺の門前としているが、[13]先に示したように山東京伝は「浅草金龍山」は浅草寺ではなく、同寺のすぐ北東にある「待乳山聖天《まっちやましょうでん》」のこととした。伊東蘭洲も「金龍山　待乳山なり、また聖天山ともいふ、聖天の社あり」（『墨水消夏録』）としている。

＊13　「奈良茶飯」『随筆辞典一　衣食住編』柴田宵曲編・東京堂出版・一九六〇。

三　飯屋の元祖 外食の始まり

目印山

待乳山聖天の横田真精師は、「終戦直後、この山から見渡す限りの焼土となった下町で、遥かに錦糸町から秋葉原、上野、日暮里まで、国電の走っているのが見えた景色は今も印象深く残っております。」と、敗戦後の待乳山からの景色を追憶している。[*14]

「待乳山」とは、東京都台東区浅草にある金龍山本龍院《ほんりゅういん》という寺院を指す。夫婦和合・安産・子宝・財宝の神である大聖歓喜天《だいしょうかんぎてん》（象頭の夫婦双身像）を祀り、「待乳山聖天」の名で親しまれてきた。境内ではお供え用の大根が売られ、一月七日には「大根まつり」で毎年多くの人で賑わう。

浅草寺の北東裏の隅田川右岸にある小さな丘が待乳山と呼ばれ、その上に聖天堂がある。待乳山は「待地山」「真土山」とも書く。海抜わずか一〇メートル足らずの山であるが、この山からの江戸の眺望がよくきくことから、広重など版画の題材となり、同時に隅田川を行き交う川船の格好の目印山でもあった。

＊14　横田真精「巾着と大根の寺 待乳山聖天」『季刊食の雑誌 あさめし ひるめし ばんめし』四三号・一九八五。

歌枕の地

待乳山は、早くから歌枕の地として注目を受けていた。

室町時代一五世紀末に、京都聖護院門跡《しょうごいんもんぜき》の道興《どうこう》（一四三〇～一五二七）が関東に下っている。聖護院は修験道の二派のうち本山派の総本山。道興は関白左大臣近《この》衛《え》房嗣《ふさつぐ》の子で、准三后《じゅさんごう》（太皇太后・皇太后・皇后の三后に准じる身分）の待遇をうける高僧である。道興が著した『廻国雑記《かいこくざっき》』（長享元年・一四八七）によれば、文明一八年（一四八六）六月から翌年三月まで北陸・関東・奥州と廻国し、一〇月初めに浅草に泊まり、石枕伝説を書き留め、浅草周辺の名所を巡り、

いかでわれ 頼めもをかぬ あづま路の まつちの山に けふは来ぬらむ

しぐれても つひにもみちぬ まつち山 落葉をときと 木枯らしぞふく

と二首詠んでいる。

金龍の山

『慶長見聞集《けいちょうけんもんしゅう》』（慶長一九年・一六一四）には、「抑《そもそも》浅草寺の観世音は、昔日当所の海中より出現し給ふ前、方便に此山、一夜の内に湧出す。推古天皇の御宇とか

現在の待乳山聖天の境内

や。是を金龍山と名付く。故に金龍山浅草寺と号す」、「金龍山の實名を、歌にやはらけて、待乳山と詠せり」としている。方便と何か言い訳めいた言い方ではあるが、浅草寺の開創譚の前段階に「待乳山」が関わっていることを示している。

明暦の大火後に刊行された『江戸名所記』（寛文二年・一六六二）の「浅草観音」では、桧熊《ひのくま》・浜成《はまなり》・竹成《たけなり》の三兄弟が海中から観音の小像を網で掬い上げたことを記し、その後に「浅草金龍山付真土山」と題して「むかしこの山より、金龍を堀出しける故に、すなはち金龍山と名づくといへり、聖天宮のやしろあり、大なる松山なり、古しへは爰を真土山といひし、これ武蔵の国の名所なり、紀州にも同名ある也」としている。

『江戸雀』（延宝五年・一六七七）にも「金龍山付待乳山之事」として「一、此山を金龍山といふ事浅草寺の山号也、爰の名たるハ此寺の鎮守として上ニ聖天宮を安置すると見へたり、又一説には唐船日本へわたるに此やまを始めて見そ

中央下に金龍山。左に浅草寺、右上には吉原がある（『江戸大絵図』須原屋版・寛政八年・一七九六、部分）

めしにたゝ金龍のまとへることく見ゆといふ説あり、実ハ此山をは待乳山といへり、むさしの名所也、紀州にも有となり」と同様の文がある。

『江戸鹿子《かのこ》』（貞享四年・一六八七）巻一には江戸の「山」が列挙されている。その二番目に「真土山　又待乳山」が記され「山上に聖天宮あり、よって此町を聖天町と云なり、世挙げて金龍山とよふハ是なり、金龍山とハもとは浅草寺の山号なるを何の人の此山になつけてよひけるにや」と疑問を呈している。浅草寺は、一寸八分の聖観世音菩薩の海中からの出現譚が語られ、また待乳山では山の湧出と金龍出現譚が語られるが、次第に浅草寺が繁栄の中心となり、本龍院が包摂されながら一体的な信仰圏を形成してきたようである。田村栄太郎（一八九三〜一九六九）は「金龍山は真土山に結びつけて成立した山号」であるとし、「金龍山を浅草寺が本だという考えは誤りである。」としている。[*15]

江戸東京博物館架蔵の江戸中期の「江戸神社仏閣名所旧跡安見画図」は、待乳山聖天を「金龍山せう天宮本龍院」と記し、「昔此所こがねの龍をほり出せしゆへの名あり、待乳山とて名高き名所也」とあり、左上には「金龍山浅草寺」が描かれている。周囲に高所のない隅田川河畔の一小丘が、浅草寺の草創説話ともからみあいながら「金龍山」、「待乳山」、「聖天山」などと呼ばれて武蔵の国の名所として広く人々に知られていたことがよく分かる。

＊15　田村栄太郎『江戸東京風俗地理　三　浅草吉原隅田川』雄山閣・一九六四。

『万葉集』の真土山

この待乳山は「真土山」とも表記されるように、『万葉集』で見られる「真土山」など先行する歌枕の地を江戸に写して表現したものとも考えられる。

先に知られて著名となった風物や景観を後発地が「写す」、「見立てる」ことが早くから行われていた。西国三十三所や四国遍路などの「写し霊場」も同様であるが、自らの領域に有名地の風物を持ち込み再現しようとする。より身近かな例で言えば、「近江富士」「戸越銀座」の類いである。江戸にはそうした「上方《かみがた》写し」の景観が各地で見られる。

奈良茶飯が出現した頃の金龍山とは、浅草寺ではなく聖天を祀る待乳山のことであり、この待乳山の呼称について『江戸名所図会』（第六巻 真土山の項）が、「この地に、真土山、庵崎あるは、後人万葉集に因みて名づけしものなりと云々」と述べているように、『万葉集』以来の大和紀伊境につながる可能性がある。大和と江戸の真土山はイメージでつながり、その麓で奈良茶飯が誕生したことは、単なる偶然ではないように思われる。

待乳山界隈の賑わい

隅田川（宮戸川、浅草川とも）は武蔵国と下総《しもうさ》国との国境を流れ、江戸防禦のた

山谷堀から待乳山を望む、橋は今戸橋（明治中期頃）

めに千住《せんじゅ》大橋から下流には橋が架けられていなかった。橋がないために明暦の大火で多くの人々が犠牲になったことから、両国橋（万治二年・一六五九架橋）を始め次第に橋が架けられ、川の東側の湿地帯、現在の本所・両国・深川の開発も急速に進み、この辺りは脚光を浴びるようになった。

さらに日本橋にあった吉原《よしわら》が幕府の命で大火から半年足らずの明暦三年六月に浅草寺裏に移転すると、隅田川を猪牙船《ちょきぶね》などで遡り、待乳山聖天裏の発着場で降りて、ここから日本堤《にほんづつみ》（土手八丁）を通って新吉原へ行くという道筋にもあたっていた。聖天裏の山谷堀《さんやぼり》に今戸《いまど》橋が架かり、船着場となっている様子は、宝暦三年年刊の『絵本江戸土産』の「両国橋の納涼」や「隅田川の青柳」「新吉原夜見せの景」「浅草なミ木町」や「上野春景」など、多くの人々で賑わう光景として描かれている。

その中に「金龍山 聖天のけい」として、今戸橋の架かる山谷堀付近で舟から乗り降りする光景が描かれている。「浅草晩景」と題した部分では「門前の奈良茶、菜飯、ぎをんとうふのみせ、酒屋茶屋軒をならべ繁昌いはむかたなき霊地なり」と説明を加えている。

食物史家の平野雅章（一九三一～二〇〇八）が「金龍山下のほうが早く始まったようで、これは吉原通いの客の腹ごしらえに役立てたもの」と指摘しているよう

聖天裏の船着場。茶船や船宿の看板が見える。右の橋は山谷堀に架かる今戸橋（『絵本江戸土産』「金龍山 聖天のけい」）

[16]に、待乳山聖天が舟で乗り付ける吉原への入口であったがために、ここで新しい食べ物屋が生まれる必然性があったのである。

また、『絵本江戸土産』の「行人坂《ぎょうにんざか》」の場面を見ると、この坂を下った所に、「いせや」と軒先に暖簾《のれん》を掛けた店が描かれ、店先の行灯には「御ならちや」「なめし」と書かれており、ここで奈良茶飯や菜飯《なめし》が道行く人々に供されていた様子がよく分かる。奈良茶飯ばかりではなく、女川《めかわ》の菜飯[17]や祇園豆腐[18]、淡《あわ》雪《ゆき》豆腐[19]など、上方や各地の名物が奈良茶飯とセットにして人々に提供されていたことも分かる。

浅草寺の観音信仰と待乳山の聖天信仰、川と景勝地、さらに各種の店や吉原の遊楽を伴う繁華な所として、多くの人々が行き交い、談笑し、関わり合う場所、江戸という都市の最も先端の部分として膨張する新興の土地で、人々の求めに応じるように「奈良茶飯」など当時の人々に目新しい食べ物が次々と人々の前に現れてきた。

その場所は待乳山聖天の麓の一郭の、特に店の名前が伝わ

行人坂の奈良茶。左端の店先の行灯に「御ならちやなめし」とある（『絵本江戸土産』「行人坂」部分）

＊16　平野雅章「奈良茶飯」『江戸の料理』日本料理探求全書第二巻・東京書房社・一九七九。

らない程度の簡便な食べ物屋だったのだろうが、その着想と献立はたちまち評判になり、江戸の人々の噂に上って類似の店が続々と生まれたようだ。

飯屋の元祖

「奈良茶飯」の登場は、わが国の食生活史上、大きな意味を持つことになった。それが「外食」の始まりを告げる出来事だったからだ。先に触れた矢田挿雲は奈良茶飯を「飯屋の元祖」とし、「奈良茶飯は、おそらく江戸における飯屋の元祖で、天和以前の江戸ッ子は、出先でお飯《まんま》を喰べることなどは、夢想だにもしなかったから」としているが、早くには山東京伝が『蜘蛛の糸巻』で「料理茶屋　百五六十年以前は、江戸は飯を売る店はなかりしを、天和の比、始めて浅草並木に奈良茶飯の店ありしを、諸人珍らしとて、浅草の奈良茶飯喰はんとて、わざわざ行きし由、近古のさうしに見えたり」としていることは既に述べた。

喜多村筠庭《きたむらきんてい》の『嬉遊笑覧《きゆうしょうらん》』（文化一三年・一八三〇）序にも「江戸に料理店といふもの、むかしはなし」とし、『守貞謾稿』の著者喜田川守貞は「右の奈良茶、皇国食店の鼻祖《びそ》とも云べし」、つまり今日普通に商売が行われている食べ物屋の始まりだと表現している。日本料理史の分野では、奈良茶飯はわが国初の外食産業の起こりと位置付けられている。

＊17　東海道石部・草津間の目川村の名物「目川菜飯」のこと。

＊18　京都祇園社の楼門前の東西にあった二軒茶屋で売られていた豆腐を薄く切って串刺しにして両面をあぶり、味噌ダレで煮て麩粉を付けたもの。

＊19　やわらかく舌にのせると淡雪のようにきえるという特製の豆腐。享保初め、江戸両国の日野屋が浅草並木町で始めた。

コラム

【振袖火事】

江戸の大火の中でも悲惨だった明暦の大火は、「振袖火事」という華やかな名前で記憶されている。明治の新聞記者矢田挿雲の著した『江戸から東京へ』によると、承応三年（一六五四）春三月、麻布百姓町の質商、遠州屋彦右衛門の娘梅野が、母に連れられ菩提寺本妙寺へ参詣の途中、上野山下にさしかかった時にすれ違った寺小姓風の美少年が忘れられず、小姓が着ていた紫縮緬の振袖を作ってもらい、女夫《めおと》遊びをしていたが、とうとう焦がれて一七歳で亡くなってしまう。本妙寺で葬式の後、振袖を寺に納めたが、古着屋を通して上野山下の紙商大松屋又蔵の娘きのに渡り、この娘も亡くなってしまう。今度は本郷元町麹商喜右衛門娘いくに渡るが、やはり亡くなり、振袖は三度寺に戻ってきた。娘はすべて一七歳。おじけをふるった住職は明暦三年一月一八日に施餓鬼《せがき》を催して振袖を焼くが、折からの風に舞い上がり、火が本堂に移り火事になったという。

御家人の父を持つ生粋の江戸っ子で、江戸情緒あふれる『半七捕物帖』や戯曲などを書いた岡本綺堂は、この三人の娘を浅草諏訪町の大増屋十右衛門の娘きく、本郷元町麹屋吉兵衛娘お花、中橋の質屋伊勢屋五兵衛の娘おたつだとする（『風俗江戸物語』）。同じような話がいくつも伝えられていたらしい。

明暦の大火を初めて本格的に調べた黒木喬は、大火の後に起こった八百屋お七の「天和の大火」の影響で、二五年前の明暦の火事にも何か因縁があったはずだと考えた民衆心理がはたらいて、振袖火事伝説が生まれたのではないかと推測している。三上参次も『江戸時代史』で「回禄前に柴垣踊流行せしが、この度の火災はこれに何らかの因縁あるもののごとくいひなせり。」とし、回禄（火災）の前には、「柴垣柴垣 柴垣越しに 雪の振袖ちらと見た 振袖へ 雪の振袖ちらと見た」という柴垣節が流行していたという。当時振袖は前髪立ちの小姓の着物だった。

第六章

流行する奈良茶飯

一　江戸の奈良茶

料理店

奈良茶飯・奈良茶は、既述のように明暦の大火（一六五七）の後、浅草金龍山（待乳山）の門前の茶店に現れた。「江戸中はしばしよりも、金龍山の奈良茶くひにゆかんとて、ことの外めづらしき事に興じけり」（『事跡合考』）と評判になったため、以来あちこちに同じような「美膳店」ができたという。雨後《うご》の筍《たけのこ》のようにあちこちにできたので、そのうち聖天宮山下の奈良茶の店は衰えてしまったと伝える。新しいアイデアで始めたものの、あっという間に真似をされてしまったのだろう。床店（屋台店）のような簡便な店だったのだろうか、店の名前も伝わらない。

貞享四年（一六八七）刊の『江戸鹿子』を見ると、奈良茶を売る店として「堺町　ぎおんや　目黒　かしはや　浅草駒形　ひ物や」と店が紹介されている。『反古染』は、先に紹介した部分に続けて「其後、両国橋詰の茶屋、深川洲崎《すさき》、芝神明《しばしんめい》前抔《など》に料理茶屋出来、堺町にて、一人前百膳といふより、所々に出来、湯島の祇園どうふ、女川菜飯、居酒屋の大田楽、湯豆腐等初りて、宝暦の初頃より、吸物に附飯、太平、しつぽくのうまみ、金龍山の料理は跡形なく」と江戸の各地で流行したことと、ここでも聖天の麓の料理屋が衰微したことを伝えている。

安永六年（一七七七）に刊行された三都の評判記『富貴地座居《ふうきじざい》』の「料理の部」には、深川の西宮、洲崎の桝屋宗助、日本橋の百川《ももかわ》、材木町の山藤、向島三囲《むこうじまみめぐり》の葛西太郎、茅場町《かやばちょう》の楽庵、三股《みつまた》の四季庵、中橋のおまんずしなどとともに、新橋の「春日野なら茶」、浅草の「金龍山なら茶」が見えている。

時代は下るが、文政七年（一八二四）の『江戸買物独案内』の「飲食之部」には、

御料理	御ならちや所	浅草南馬道	山野屋長松
料理	御奈ら茶所	中野鍋屋横町	江戸屋平次郎
名物	御ならちや所	上野御山下	濵田屋利兵衛
料理	御なら茶所	神田筋違御門外仲町角	高砂屋伝兵衛
御料理	御なら茶所	神田今川橋	和田津右衛門
あハ雪	御奈良茶所	東両国角	明石屋嘉兵衛
あハ雪	御なら茶所	東両国角	日野屋源兵衛
あハ雪	御なら茶所	上野御山下	濵田屋利八
名物あハ雪	御なら茶	浅草雷神門前角	亀屋宗兵衛
あハ雪	御ならちや所	葺屋町	津ぼや

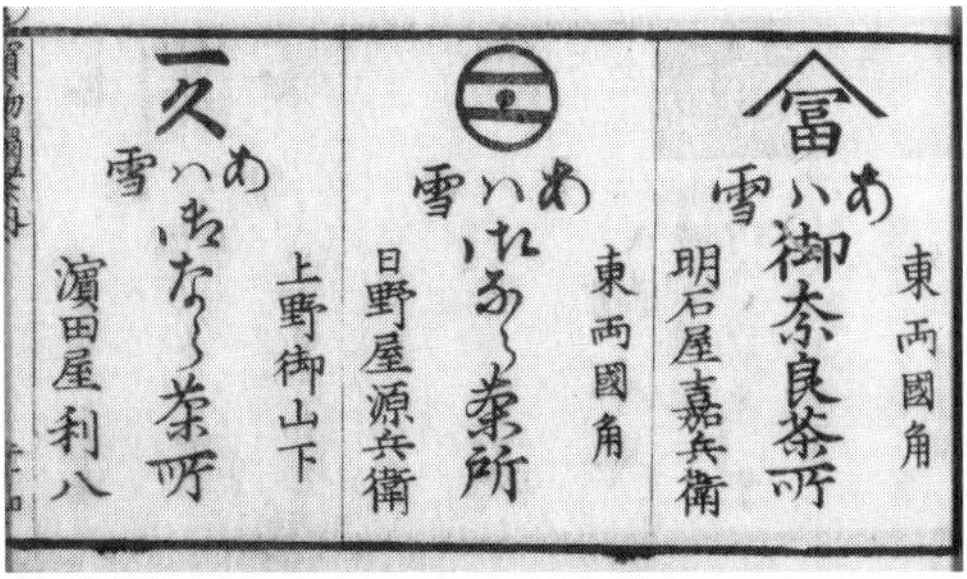

『江戸買物独案内』「飲食之部」のうち奈良茶飯の紹介部分

と「御なら茶所」が並んでいる。奈良茶の料理の詳細は分からないが、淡雪豆腐も抱き合わせにしながら、奈良茶の看板を掲げた料理店が江戸各地で営業していたことがよく分かる。

天保七年（一八三六）の『江戸名物詩』には、「濵田屋奈良茶山下佛店 茶碗大平 鯉濃漿煮附 吸物鯛潮烹 坐鋪客夥 濵田屋混雑 唯聞打手声」とあり、奈良茶の内容かどうか不明ながら、その料理の一端も知られる。現在のJR上野駅の南辺りに当時啓運寺《けいうんじ》という寺があり、その墓地の一部を町屋にしたので「仏店《ほとけだな》」といった。大和屋という鰻屋もあったので、「浜大和 どちらもうまい 仏店」（『柳多留』九二）という川柳も生まれていた。[*1] 濵田屋は上野山下に二軒あり、さらに仏店を作っているので、繁華な上野周辺に、現代のチェーン店のように集中的に店を構えたようだ。

亀屋・万年屋

奈良茶飯などを売る料理屋は、次第に江戸に広がり高級化するとともに、一方では街道沿いなどにも進出し、旅人や参詣人用にも喜ばれた。

『反古染』は「六郷の奈良茶飯、始は川手前に有しが、わけて、蔦屋とて、左の方に大茶屋有しが、洪水の後、皆々川向へ越へ、今の万年屋流行出し、蔦屋は有

＊1　鈴木晋一『馬琴の食卓』平凡社新書・二〇〇一。

どもなきが如し」としているように、元は六郷川（多摩川）の手前で蔦屋という店が繁盛していたが、流行は多摩川を越えて東海道筋二番目の宿の川崎に移っていった。

川崎宿の先には川崎大師《かわさきだいし》（平間寺《へいけんじ》）があり、厄除けで庶民の信仰を集めていた。単に街道沿いというだけでなく、参詣地のそばが利便がよく、そちらが賑わうようになってきた。万年屋ばかりではなく、亀屋という店も奈良茶飯で知られていたので、「大師様 奈良茶は亀屋 万年屋」という川柳も生まれ、参詣の人々はどちらかの店に立ち寄ったと言われるほど繁盛した。

その万年屋の様子は、『江戸名所図会』の挿画に生き生きと描かれている。店先の往来を徒歩や駕籠、馬に乗った人が行き交う中、店の広間は大勢の客で賑わっている。おかずを盛った鉢や皿が置かれ、茶碗を手に箸を動かしている。奥には台所が見え、店の者が忙しく立ち働いている。大きな水瓶のそばでは、カレイのような魚を扱っている男もいるので、いろいろな料理を出したのだろう。旅の途中であるので、草鞋

『江戸名所図会』「河崎万年屋 奈良茶飯」

を履いたまま食べている男もいる。[*2]
この万年屋で奈良茶を食べる様子は、十返舎一九の『東海道中膝栗毛』にも描かれている。

それより六郷の渉《わたし》をこへて、万年屋にて支度せんと、腰をかける
万年やのおんな「おはやうございやす。
弥二郎兵へ「二ぜんたのみます。
（略）
弥二「コウむだをいはずとはやく喰はつし。汁がさめらア。
北「ヲヤいつの間にもつてきた。ドレドレトならちやをあり切り。さらさらとしてやり
弥二「もうおはちが零落した。
北「又さきへいつて、うめへものをしてやらう。

と書いている。
奈良茶に汁を付けて出したが、すぐに「おはち零落した」、つまり飯びつが空になったというのである。ここで気になるのは「さらさら」という表現である。茶飯ではなくまるで茶粥か茶漬のように思われるが、このことは後で触れ

＊2　川田壽『江戸名所図会を読む』東京堂出版・一九九〇。

六郷の渡しを渡ると川崎宿に着く（歌川広重『東海道五十三次』「川崎」）

たい。

川崎大師は厄除けで有名だと述べたが、それをテーマとした川柳がいくつもある。

大師道 きくのにあきる 万年屋（『川柳評万句合』天明三年）

あなたもか わたしも三と 万年屋（『柳多留』）

万年屋 十五年目で 内儀食ひ（『さくらの実』）

大師河原へ つれ立つた 七十五（『柳多留』）

川崎の宿から道を東に行くと厄除大師を祀る平間寺に至る。最初の川柳は、店の者が休憩した人から同じ行き先ばかり尋ねられるというのだ。厄除けは男が二五と四二歳、女は一九と三三の年に行く。それで二句目は、女同士が三三の同い年だと分かったというもの。さらに三句目も厄年の年のことで、一九歳で参って、その後一五年目でまた万年屋で奈良茶飯を食べたというもの。最後は亭主四二歳、女房三三歳で二人合わせて七五だというもの。厄年の年を踏まえて謎解きを要求し、「なるほど」と思わせる趣好である。[*3]

＊3 浜田義一郎編『江戸川柳辞典』東京堂出版・一九六八。

『江戸名所図会』を丁寧に見ると、描かれた当時の絵図の中に、さらに奈良茶飯屋が発見できる。「神奈川台」の絵図では、「此地はいづれも海岸に臨みて海亭をまうけ」と記されているように、眺望のよい二階屋の座敷で人が集っている。右から「きし田や」「さくら屋」「大仏師」と並び、次が「御奈良茶」の看板を下げている。川崎ばかりではなく、現在の横浜市神奈川区の辺りにも奈良茶の店は進出していた。

奈良茶飯の流行は、いろいろな文献や絵画資料などから跡を辿ることができる。管見の限りで例示してみるが、博捜すればまだまだ事例は出てくると思われる。

赤穂義士と奈良茶

元禄一五年（一七〇二）の一二月一四日、赤穂の浪士が主君浅《あさ》野《の》内匠頭《たくみのかみ》長矩《ながのり》の恨みを晴らすために討入りした。吉良上野介義《きらこうずけのすけよし》央《ひさ》の邸宅は、刃傷《にんじょう》事件の後、隅田川を越えた本所松坂町《ほんじょまつざかちょう》に屋敷替えが行われ、ここが仇討ちの舞台だった。討入りの際、上野介を探し当てるのに時間がかかったものの、台所の物置小屋に

図の中央付近に描かれる店の看板に「御奈良茶」とある（『江戸名所図会』「神奈川台」部分）

隠れているのを発見し、ついに本懐を遂げ、首級を着ていた白小袖に包み、懐中の鼻紙袋と守り袋とともに、予定していた回向院に引き揚げた。ここで休息を頼んだが、後難を恐れて開門されなかったため、一団は浅野家菩提寺の泉岳寺《せんがくじ》へ向かう。亡き主君の墓前に首を捧げて、仇を報じた旨を奉告、同時にその旨を大目付の役宅へ届け出る。幕府では緊急閣議が開かれ、浪士を細川越中守、松平壱岐守、毛利甲斐守、水野監物《けんもつ》の四家に預け、処分は追って決定となった。

現在の港区六本木にあった毛利家屋敷には、岡嶋八十右衛門《おかじまやそえもん》を始め一〇人が預けられたが、その時の食事内容の取り決めが「赤穂浪人御預之記」に残されている。それによると

一　料理朝夕二汁五菜
一　昼茶菓子一度出ル、蒸菓子水菓子テ菓子之間也
一　挽茶煎茶望次第出之
一　夜食一汁三菜、或ハ粥或ハ奈良茶
一　酒祝日ハカリ出之、若所望有之時ハ外ノ日ニモ出之

というものだった。

朝夕二汁五菜の食事以外に、昼の菓子と夜食が出る。仇討ちに対する武家の評価と厚遇振りがよく分かる。しかし浪士たちはその厚遇に実は閉口し、軽い食事にと願ったが認めてもらえなかったようだ。夜食は一汁三菜で、「粥或ハ奈良茶」としていることから、奈良茶は奈良茶飯であることが判明する。赤穂の浪士も当時流行の奈良茶飯を振る舞われていた。*4

『宴遊日記』にみる茶飯

江戸時代、大和は京・大坂に近く政治軍事の枢要の土地として、徳川方の武将が押さえる土地となった。水野勝成《みずのかつなり》・松平忠明《まつだいらただあきら》・本多政勝《ほんだまさかつ》など領主が次々に交替し、享保九年（一七二四）に甲府から柳沢吉里《やなぎさわよしさと》が一五万石で入部してから明治維新に至るまで、ようやく安定した近世郡山藩となった。

その二代藩主柳沢信鴻《のぶとき》は引退後、江戸駒込染井の別邸（現在の六義園《りくぎえん》）に移って悠々自適に余生を送った。祖父吉保《よしやす》、父吉里の血筋を引いて学問や芸術を愛好し、隠居生活での出来事を日記『宴遊日記《えんゆうにっき》』に克明に書き残している。日記の安永二年（一七七三）の正月から二月にかけて、家臣に茶飯を振る舞ったり、姉君から奈良茶・茶飯を賜う記事が登場し、当時流行の茶飯が珍しい食べ物として、いつどのように遣り取りされ、また振る舞われていたかが分かる。記事は多方面にわた

＊4　「赤穂浪人御預之記」（宮内庁書陵部図書寮文庫蔵）。福島四郎『正史忠臣蔵』厚生閣・一九三九（中公文庫・一九九二）。

り、江戸期の支配者層の暮らしぶりの具体的な姿が見えてくる。
その中の「茶飯」の記述を挙げると

正月十三日（立春）九過、安信来、春日野茶飯ふる廻
正月二十一日　暮すぎより家老友諒英直出、茶飯振回
二月一日　夕かた六本木より重内かへり、茶飯煮物漬物を賜ふ
二月四日　姉君より重内奈良茶漬物等賜ふ
二月九日　姉君より茶飯を給ふ
二月十四日　姉君より茶飯を給ふ
三月二日　六本木より茶飯下さる

とある。「茶飯」や「奈良茶」の呼称で、来客に対しての振る舞いや、身内同士の遣り取りにも盛んに登場している。家臣に振る舞ったり、姉から頂き物として到来する贈り物として茶飯が扱われたことが分かるが、もちろんその内容は、さまざまな混ぜ物のある茶飯であろう。大名格の家での奈良茶飯の用いられ方がよく分かる例である。

日記には「年寄用人雛酒饗応」などの年中行事に際しての使用人の饗応や、盆

の「生身魂《いきみたま》」や「産綱《うみづな》を掛る」などお産に関わる記述も見え、民俗的な興味を抱かせる記述も多いが、食生活に関する記述は豊富である。竹内誠は「学問・文学にたいする彼のつよい熱情や、社寺参詣・芝居見物・物見などの行動文化にたいする積極的な参加をはじめ、天候・樹木・食物などにも幅広い関心を寄せるという、彼の多彩で豊かな生活ぶりをうかがうことができる。」としているが、[*5]それは支配階級ばかりではなく、当時の人々の行動的な文化や気風を反映したものでもあった。

*5　竹内誠『大系日本の歴史第一〇巻　江戸と大坂』小学館・一九八九。

二　上方の奈良茶と奈良茶船

上方での奈良茶の流行

奈良茶は江戸ばかりではなく、京や大坂に逆流した。

京では「四条河原のなら茶屋、三条五条のはたごや」（浮世草子『好色産毛《こうしょくうぶげ》』二の五）と描かれ、弥次喜多は大坂の芝居小屋を眺めながら、「此群集大かたは、おかずとも拾文のなら茶屋へはいり、あるひは大庄のかばやきに鼻いからしてはいるもあり」（『東海道中膝栗毛』）としている。

この他『守貞謾稿』では、江戸から学んで古くから大坂道頓堀の「奈良茶飯」

があるといい、さらに新町の「春日野」、享和頃からある天王寺前の「福寿」、文政年中から始まった野中の「轡屋」、天保から始まった難波新地の「朝日野」、さらに近来始まったのが天満宮の社前、博労稲荷の前、三津寺前にも奈良茶飯を売る店があると紹介している。

奈良茶船

江戸時代、大型廻船と川岸との間を往復して荷物を運ぶ船を上荷船《うわにぶね》・茶船《ちゃぶね》と呼んだ。茶船は上荷船より小型で「これも荷物運送の舟にして、そのはじめ長柄川《ながらがわ》普請の時、人足の飲食を給仕せしによって茶船と名づくるとぞ。」（『摂津名所図会大成』巻一二・暁鐘成編・安政から万延）とあるように、始めは荷物運送の船であったのが、小型であったためか、後に煮売舟《にうりぶね》となった。

淀川の京都伏見と大坂天満の八軒屋浜《はちけんやはま》の間を、運航旅客と荷物の乗合船の三十《さんじっ》石船《こくぶね》が航行した。この船に飲み物や食べ物を売り付けた茶船がいわゆる「くらわんか船《ぶね》」だった。その商売は「飯くらわんか、酒くらわんか、銭がないのでようくらわんか」などと荒っぽい言葉で夜の舟客を眠りから覚まして、強引に売り付けることで知られていたが、この船は「四文のつりとらんといふに、はやなら茶船漕出して、つひにこれを横著にしける」（浮世草子『日本新永代蔵』四の五）などとあるように奈良茶船とも呼ばれていた。それはこの船が餅や酒ばかりではなく奈良茶も売っていたからだった。今日では奈良茶船の名も、茶飯が売られていたこともまったく忘れ去られているが、寛延五年（一七四八）に大坂で刊行された『絵本家賀《えほんかが》御伽《みとぎ》』には、その様子が明らかに描かれている。

この絵図には、「淀川夜舟」と題して「松がはなといふ所より煮売舟をこぎ出て、夜舟の客にあきなふ、悪口が仕にせとなりて買手も腹をたてず、いと興ある商ひなり」とあり、「くらはぬかと 夜船の旅人 うちもねせで 夢路の関と なら茶うる声」という歌を添えている。一八世紀半ば頃、くらわんか船で奈良茶が売られていたことを反映したものと思われる。

夜間の航行で屋根を付けた三十石船に、小型の煮売舟が接近して金具で連結し、二人の男が船客に物を売っている。左の男は茶碗に注いだ酒でも手渡しているのだろう。右のもう一人の男は、飯杓子で釜から何かをよそうところである。小舟の中央には、「ならちや」と書いた行灯《あんどん》が見える。茶碗へのつぎ方から見ても粥状の物とは考えられず、飯つまり奈良茶飯だと思われ

「ならちや」と書かれた行灯のある小舟が描かれている（『絵本家賀御伽』「淀川夜舟」）

る。この茶碗は俗に「くらわんか茶碗」と呼ばれるようになった。元禄一五年（一七〇二）の『女大名丹前能《たんぜんのう》』という謡本には「枚方《ひらかた》ノ岸根ニ舟ヲツナゲバ、奈良茶売ノトトカカ、一二ヲアラソヒ、ココカシコヨリ来リ、我先ニトツキツケ売リ」とあり、夫婦連れでこの舟に乗り、先を争って奈良茶を売る様子が語られている。

三　元禄文化と奈良茶

西鶴と奈良茶

江戸の地誌や随筆などから、奈良茶飯屋の出現とその後の流行振りを眺めてきたが、その流行は、山東京山が「近古のさうしに見えたり」（『蜘蛛の糸巻』）としているように、当時の浮世草子や人形浄瑠璃にも描き込まれている。奈良茶飯・奈良茶の繁盛は、まず井原西鶴（一六四二〜九三）の浮世草子に登場する。

酒は定まつて、川海老の吸物に、ひね米の奈良茶おかしく思ふ時[*6]つらつらおもんみるに、揚屋の酒、小盃に一盃四分づゝにつもり、若衆宿のならちや、一盃八分づゝにあたるといへり。これに気を付けて見れば、格別

＊6　井原西鶴『諸艶大鑑』貞享元年（一六八四）。

高いものながら、これ土鍋《はうろく》の一盃とて何のやうなし。[*7]

近き比《ころ》、金龍山の茶屋に一人五分づつの(一人前銀五分)奈良茶をしだしけるに、器物のきれいさ、色〳〵調へ、さりとはすえ〴〵の者の勝手のよき事なり、中〳〵上がたにもかゝる自由はなかりき。[*8]

ひね米(古米)で作った奈良茶飯、男色を売る若衆をおいた茶屋の高価な奈良茶飯、金龍山の茶屋では一人前銀五分できれいな器に盛った上方にはない奈良茶飯が食べられるとある。西鶴の世界を描くに際して、舞台装置として当時流行の食べ物が用いられている。

近松と奈良茶

近松門左衛門(一六五三〜一七二四)も奈良茶飯を作品に織り込んでいる。

されば古歌にも
奈良茶かや この手盛にて ニよそひ 爺《とと》と嚊《かか》とが 味を御覧是ぜ[*9]

＊7 井原西鶴『世間胸算用』巻二の三・元禄五年(一六九二)。

＊8 井原西鶴『西鶴置土産』巻四・元禄六年(一六九三)。

＊9 近松門左衛門『大職冠』正徳元年(一七一一)。大坂竹本座初演。

難波の方に思ひ立ち。人目を忍ぶ乗り合ひに。空居眠の船漕げば。側に茶船を漕れて饂飩蕎麦切。きり〳〵と押廻し。豆腐奈良茶と茶を売るも。[*10]

江戸で評判となった流行の食べ物奈良茶は、上方へも波及していたことがよく分かる。

芭蕉と奈良茶

俳人松尾芭蕉（一六四四～九四）も奈良茶に言及している。芭蕉の句に、

侘びてすめ 月侘斎《つきわびさい》が なら茶歌[*11]

という句がある。これには「月をわび身をわび拙きをわびて、わぶと答へむとすれど問ふ人もなし。なほわび〳〵て」という前書が付いている。月侘斎とは月を侘びる人を風雅人めかした仮の名として、「奈良茶歌」も芭蕉の造語のようだ。月を侘びる風流人が、奈良茶を食べて歌う声は、侘びしくも澄みわたれと、侘びを標榜する俳人の生活を礼讃したものだろう。

弟子各務支考《かがみしこう》は「奈良茶三石喰ふて後はじめて俳諧の意味をしるべしとは、あ

＊10　近松門左衛門『鑓の権三重帷子』享保二年（一七一七）。大坂竹本座初演。

＊11　大原千春編『武蔵曲』天和二年（一六八二）。

る時に故翁の戯ながら」（『俳諧十論』）と芭蕉の言葉を伝えている。奈良茶を三石も食べたら、俳諧の道も分かるだろうと戯れに言ったというが、素朴な茶と米の味が作り出した奈良茶を、侘び暮らしの象徴的な食べ物と考えていたことが窺える。ここで言う奈良茶とは、茶飯だろうか、茶粥だろうか。いくつもの副食を付け加えた高価な食べ物では少なくともないだろう。元禄二年、四六歳の芭蕉は曽良を伴って『おくの細道』の旅に出ている。五月一九日は尾花沢で、地元の俳人素英に会い、「ナラ茶」のもてなしを受けている。

　芭蕉と奈良茶の関係については、早くは頴原退蔵《えばらたいぞう》（一八九四〜一九四八）の『芭蕉俳句新講』の見解があり定説化しているが、夏目漱石の門下生の一人小宮豊隆《こみやとよたか》（一八八四〜一九六六）も『芭蕉句抄』で関心を寄せている。小宮は九歳まで大和郡山に住み、「友達の家で食べた茶粥がとても珍しくうまかった」と回想して、「伊賀の上野では、少なくとも毎朝茶粥を喰っていたに違いないし、江戸に出て来ても芭蕉は、人の所に厄介になっている場合でない限り、従って芭蕉庵に住むようになってからは、毎朝もしくは毎日、ずっと茶粥を喰いつづけていたのではなかったかと思う。[*12]」として、「侘びてすめ」の句は、芭蕉のわびとさびを理解するために、相当重要な句であるとしている。

　保田與重郎《やすだよじゅうろう》はこの奈良茶を「奈良茶漬」として論を進めているのは理解に苦し

＊12　小宮豊隆『芭蕉句抄』岩波新書・一九六一。

むが、[13]復本《ふくもと》一郎《いちろう》は芭蕉好みの「盧仝茶歌《ろどう》」（唐の文人盧仝が新茶を贈られて謝した詩）に誘発されて作り出したのが「奈良茶歌」で、「盧仝茶歌」の「茶」に匹敵する物として対置した俗なる茶が「奈良茶」であり、これにより〈俗〉文学である俳諧の「わび」を宣言したとする見解を出している。[14]

江戸では奈良茶飯が流行の食べ物として高級化していくが、伊賀上野出身の芭蕉にとっては、茶粥こそが若い頃の慣れた食べ物ではなかったか。芭蕉の「わび」の原点は庶民の茶としての「茶粥」であったと思われる。「なら茶三石喰ふて後はじめて俳諧の意味をしるべし」とは、茶の渋味と米の甘さの渾然一体とした微妙な味わいを原点としたものではないだろうか。

芭蕉が奈良茶を用いてこのように俳諧の境地を表現したことにより、以後奈良茶は蕉門俳諧で伝説的な食べ物となっていく。俳人の奈良茶（奈良茶飯）への関心は、明治以降も受け継がれていく。

格別な 角豆奈良茶を 草の庵　我常（『末若葉』元禄一〇年・一六九七）
八重桜 京にも移る 奈良茶哉　沾圃（『続猿蓑』元禄一一年・一六九八）
落柿舎の 奈良茶日つゞく 木芽哉　一茶（『文化句帖』文化三年・一八〇六）
奈良茶飯 出来るに間あり 藤の花　虚子（『五百句』明治二七年・一八九四）

＊13　「奈良茶歌（芭蕉俳句私解）」『保田與重郎全集第一八巻』講談社・一九八七。

＊14　復本一郎「『奈良茶歌』源流考」『芭蕉との対話 復本一郎芭蕉論集成』沖積舎・二〇〇九。

四　奈良茶の広がり

大和の奈良茶

江戸や上方での奈良茶の流行や淀川三十石船への煮売舟、いわゆるくらわんか船が実は奈良茶船であったことなど、江戸期を通じての奈良が与えていたイメージは、江戸を経由して全国的な広まりがあったが、大和では「奈良茶」はどのような捉え方をされていたのであろうか。

奈良茶という言葉が、茶粥にも茶飯にも用いられていることは前にも記した。奈良では、永島福太郎が『大和国無足人日記』を用いて、東山中の田原郷の無足人山本平左衛門が享保五年（一七二〇）正月、八〇歳の折に寄寓していた法隆寺中院で病床について、「今朝、奈良茶一盃を食せしむと雖も甘からず」、「今朝、快にて奈良茶四盃を喫す」、「奈良茶四碗を飲せしむるなり」とあることを紹介している。この「奈良茶」も茶粥と思われる。また春日大社正預中臣延栄の記した「正遷宮神事潔斎記」の明和三年（一七六六）九月二一日条に、精進食として「茶粥」が見えている。[*15]

*15　永島福太郎「茶がゆ」『淡交』一九九七年二月、『初期茶道史覚書ノート』二〇〇三再録。

岡山の奈良茶

奈良茶は江戸でもてはやされただけに、先端の流行として国内各藩にも持ち帰られた。

その一つが岡山で、ここでは城下旭川の京橋付近の納涼そのものが「奈良茶」と呼ばれていた。内田百閒《うちだひゃっけん》（百鬼園、一八八九～一九七一）は、「奈良茶へ行く」というのが子供の時分から毎年夏の宵の一番の楽しみだったとして、次のように回想している。[*16]

私共が知つてゐる奈良茶は婆やの背中におぶさつて行つた子供の時分からいつでも夜店や見世物が両側に列び、その突き当たりの一番奥には一番大きな小屋が掛かつて軽業や芸当でどんちやん、どんちやん大変な騒ぎであつた。

この風習は、明治末の百閒の六高（現岡山大学）時代にはなかったようだとしている。さらに、「奈良茶の始まりは私共の祖父の時代か或はもう少し前のことかも知れない。夏の夕方、京橋川原の掛け茶屋に出かけ、川風に吹かれながら奈良漬けにお茶漬けの夕食を食べたと云ふのが事の起こりだと云ふ風に聞いてゐる。」というが、この起こりは享保年間（一七一六～三六）に、藩主池田綱政《いけだつなまさ》が奈良漬で茶飯を食べさせたことに始まるとも、文化七年（一八一〇）に隠居した池田治政《はるまさ》が浅

＊16　内田百閒『随筆億劫帳』河出書房・一九五一。

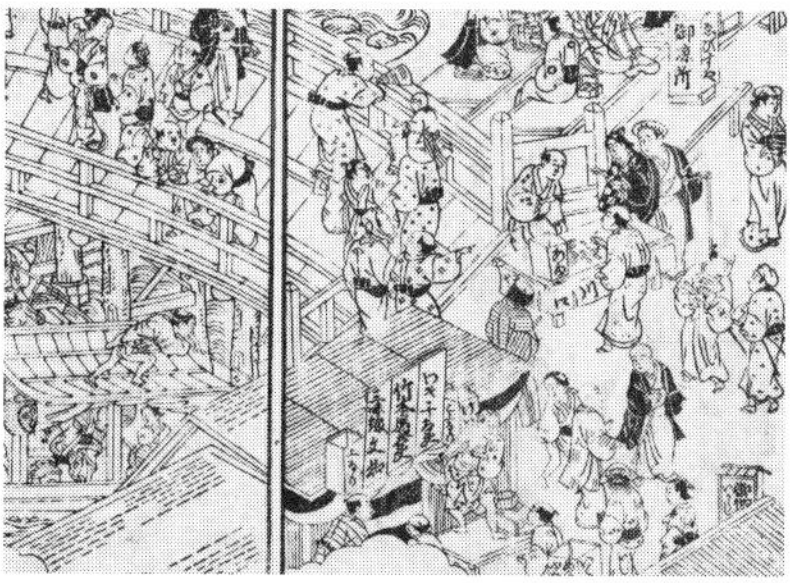
両国橋の賑わい（『絵本江戸土産』「両国橋の納涼」部分）

草で当時流行していた奈良茶の献立を持ち帰ったことに始まるともいう。「奈良漬けにお茶漬け」、「奈良漬けで茶飯」と差異はあるが、藩主は江戸で流行の「奈良茶」を地元へ持ち帰るだけでなく、浅草や両国橋のたもとに床店（屋台店）が並び、大勢の人が出歩き、さまざまな物が食べられる楽しみを地元で再現したかったのだろう。大江戸の賑わいの象徴的な食べ物が「奈良茶」と意識され、夕涼みの賑わいそのものが「奈良茶」と呼ばれていた例である。

明治二五年七月、夏目漱石も岡山を訪れて、「奈良茶」という言葉を知っていたかどうかは不明であるが、その光景を目にしている。「夜に入れば河原の掛茶屋無数の紅燈を点じ、納涼の小舟三々五々橋下を往来し、燭光清流に徹して宛然たる小不夜城なり。君と同遊せざりしは返すぐ残念なり。[*17]」と、正岡子規にその様子を書き送っている。

*17　明治二五年七月一九日付、正岡子規宛書簡。『漱石全集』第二二巻・岩波書店・一九九六。

五　子規の奈良茶

奈良茶を詠んだ句は数多くある。先の芭蕉の句にはじまる俳人の奈良茶好みは、幕末から明治以降も残っていたことは既に述べたが、正岡子規《まさおかしき》（一八六七〜一九〇二）も奈良茶に無関心ではなかったらしい。

愛媛県松山市出身の正岡子規は松山中学を中退し、叔父を頼って上京した。東大予備門や帝国大学で勉学したが、叔父の紹介で陸羯南《くがかつなん》に会い、新聞『日本』に入社、ここを舞台にして『歌よみに与ふる書』などを発表し、短歌や俳句の革新運動その他、多方面にわたる文学活動を行い、『アララギ』を中心とする近代短歌の成立に大きな影響を与えた。その後肺病などを得て、自力で寝返りも打てない重病人になりながらも、病床で句作や水彩画を描きながら、病床日記を綴った。日記『仰臥漫録《ぎょうがまんろく》』の明治三四年（一九〇一）九月二日条には、

朝　粥四椀、はぜの佃煮、梅干砂糖つけ
昼　粥四椀、鰹のさしみ一人前、南瓜一皿
夕　奈良茶飯四椀、なまり節　煮て少し生にても　茄子一皿
この頃食ひ過ぎて食後いつも吐きかへす
二時過牛乳一合ココア交て
　煎餅菓子パンなど十個ばかり
　昼食後梨二つ
夕食後梨一つ

と記されている。この時子規は三四歳。すでに肺は左右ともに大半空洞で、生きているだけで奇跡だったというが、奈良茶飯を四杯も食べる食欲だった。

奈良茶飯は『仰臥漫録』ではこの時だけだが、その後は奈良漬がたびたび出てくる。奈良茶飯の流行は一般庶民にまで及び、茶飯におでんが付きものとなったり、餡かけ豆腐と茶飯が町で売られたりしていたが、後には単に簡便な屋台売りの「茶飯」として愛好されていたようだ。子規には

床の梅　散りぬ奈良茶を　もてなさん
芭蕉忌や　我俳諧の　奈良茶飯
歌よみよ　我俳諧の　奈良茶飯

などの句も残されている。

コラム

【奈良茶漬】

「ディスる」とはディスリスペクト（軽蔑する）ことで、「チャズる」は茶漬を食べることだという。この若者言葉を使えば、森鷗外は饅頭を入れて「チャズる」のが大好きだった（森茉莉『貧乏サヴァラン』、小堀杏奴『晩年の父』）。茶漬は、料理史研究家川上行蔵は江戸時代に煎茶が普及して後のことだろうとしているが（『日本料理事物起源』）、淀殿に仕え大坂城落城を経験した女性のことを記した『おきく物語』には、きくの祖母が藤堂高虎《とうどうたかとら》に「茶づけなどたびたびふるまひける」とあるので、安土桃山時代には既に食べられていたことが分かる。

茶粥中心に書き進めた本文では、奈良茶漬のことには触れていないが、江戸時代一七世紀末、浅草金龍山で奈良茶飯が流行してから後に、「奈良茶漬」を売る店も現れてくる。奈良茶飯と奈良茶漬の店が別々に当時流行っていたように見えるが、そうではなくこれは奈良茶飯の作り方に関係があるようだ。奈良茶飯の作り方を記した一七世紀末刊行の『本朝食鑑』には、二煎目の茶で豆類などを加えて茶飯を炊き、出来上がると取り除けておいた初煎の濃い茶をかけて食べるとある。茶で炊いた茶飯に初煎の濃い茶を注いで食べるのが奈良茶飯であるから、奈良茶漬とも呼べるものだったわけだ。奈良茶飯の中に茶漬は内在していたといえる。

単に飯に煎茶をかけて食べる茶漬ではなく、茶の風味を楽しむ特別な食べ方が新鮮で、人気を呼んだのだろう。弥次さんと喜多さんが上方へ旅する道中、川崎宿の万年屋で奈良茶飯を「ありきりさらさらとしてやり」と食べていたのは、茶飯に茶を注いで、茶漬として食べている光景だったのだろう。

第七章

奈良茶飯と東大寺

一　茶粥から茶飯へ

前章まで、民俗の食としてさまざまな茶粥と人々の関わり、その分布、さらに江戸時代明暦の大火以降の奈良茶飯の流行を、文学的な営みや民俗調査の成果、さらに地誌や随筆なども用いながら、全般的な状況を辿ってきた。

その結果、茶粥の発生はまだ十分明らかではないものの、奈良など畿内に広く行われ、その後おそらく瀬戸内海の海上交易などを通して西日本にも広がったと想像される。さらに近世に入り、全国の中心が上方から江戸に移るに及んで、人・カネ・モノとともに、知名度のあった食文化も名物として吸い寄せられるように江戸に集まり始めた。そこでは各地から集まった人々といえども、新しい集合体としての土地の好みも形成され、江戸では茶粥ではなく茶飯となるように土地の好みに応じて変容しながら、江戸の新しい食文化を形成していった。同時に江戸で流行る食べ物であることから、全国へ拡散することになった。おおよその流れとしてはこのように捉えられるのではないだろうか。

茶粥・茶飯については、まだまだ見落としている資料も多いと思われる。丁寧に探せばまだまだ出てきそうである。またそう思われるほど、かつて人々に深く影響を与え、関心を抱かせてきた食文化でもあった。しかし、そうした文献は断片的で、食文化関係の辞典の解説も、いろいろに異なる説明がされているのが現状である。当たり前のことはなかなか記録に残りにくい。

それらを含めて、茶粥と茶飯はどう関係しているのか、どのような契機で茶粥が茶飯に変貌発展したのかを考えてみたい。

二　料理本の奈良茶

故実・作法からおいしい料理へ

日本の料理について、食物史家川上行蔵《かわかみこうぞう》（一八九八〜一九九四）は「鎌倉時代は極言すれば食べ物は空腹を満たせば足るものだった。室町時代は武士が殿上人と交際した時代である。武士は行儀作法を気にした。無作法といわれないように非常に注意をした時代だった。そこで、料理関係の本は主として食事の作法をやかましく述べたてている。料理人は盛り方、飾り付けに注意を集中した。味の方は問題にしなかったわけでもあるまいが、表向きの話題にはならなかったようである。この風潮が転換しておいしい料理に目を向けだしたのが江戸時代である。」としている。[*1]中世から近世への料理概念の変遷が分かりやすい。鎌倉や室町時代に生まれなくてよかったと思う人も多いだろうが、故実に忠実だった料理本に代わ

＊1　川上行蔵「江戸の料理」『日本料理事物起源』岩波書店・二〇〇六。

って登場したおいしい料理の作り方、新しい趣向の献立の本が出るようになった時代に、その先端を切って江戸時代初期に刊行され、以後の料理書に多大な影響を与えた料理本が『料理物語』だった。以下江戸時代の料理本を資料として、茶粥と茶飯がどのように記述されているのか辿ってみる。

茶としての奈良茶

第四章でも触れた『料理物語』は寛永二〇年（一六四三）に初版が刊行されて評判となり、その後何度も版を重ねて七つの版が知られている。著者は不明で、武蔵国狭山で書いたとあるが、上方方言が用いられている。内容は二〇の部に分けられ、「海の魚」から始まって、「磯草」「川魚」「鳥」「獣」「きのこ」「青物」と七部門の素材と料理法を挙げた後、なます・指（刺）身・煮物・焼物・吸い物など調理法を具体的に記し、さらに後段で軽食類、菓子に続いて「茶之部」が置かれ、その始めに「奈良茶」が出てくる。

奈良茶。まつちやを少いりてふくろに入て。あづきと茶ばかりせんじ候。扨大豆と米入候を半分づゝいり候てよく候。大豆は引わりかはをすてよし。又さゝぎ。くわゐ。焼栗なども入よし。山椒のこ鹽《しほ》かげん有。何もにかげん大事也。[*2]

茶とともに小豆も煎じ、そこにさらに米とともに大豆を入れるとしており、ささぎ・くわい・焼栗を入れてもよく、山椒の粉や塩を用いて味付けをするとしている。これはもちろん茶粥ではなく茶飯と考えられる。始めに「まつちや」とあるために、川上行蔵などこれを「抹茶」と理解する研究者もいたが、初版刊行の七年前、寛永一三年の手稿本が判明した。これには「せんしちゃ（煎じ茶）の類部」に「なら茶」が次のように説明されていた。

なら茶は 先茶《まづ》をすこしいりて袋に入 小豆とちや斗《ばかり》せんじ候也 扨まめと米を入候を 半分づゝいり候てよく候 大豆は引わり 皮をすてゝ 又さゝげ くはへやきくりなども入てよし 山せうの粉 しほかげんあり 何れもにかげん大事也にへ過候へば あしく候也[*3]

「先茶」（まづちゃ）とあるので、抹茶ではないことは明確であるが、「にへ過ぎ候へばあしく候也」と煮過ぎを注意する言葉が手稿本には入っている。料理法としては、「炒る」、「煎じる」、「煮る」の行為があり、後に続く「うこぎ茶」、「くは

＊2　『続群書類従』第五六五・一九輯下。

＊3　松下幸子他「古典料理の研究（八）寛永一三年『料理物語』について」『千葉大学教育学部研究紀要　第二部』三一巻・一九八二。

茶」とともに「煎じ茶」の部類に入っていることが注意を引く。[*4]

飯としての奈良茶

『料理物語』が刊行されて二五年後の寛文八年（一六六八）に『料理《りょうり》塩梅集《あんばいしゅう》』が刊行されている。料理の塩梅は、辛からず甘からず、濃からず薄からずするのが、料理上手の至極であるとしている。その「奈良茶方」として

奈良茶方 小豆入候の也 小豆煮申候時 しわの延申時分に 小豆の汁を取 又茶をせんじて 茶と小豆の汁と当分に合 米を湯取めしのごとくに煮申候 米一升程の煮汁は 五升ほどにて煮申し候 扨よくにゑ申候時分 いかきにあけ出し候時 茶を少入申し 小豆先煮て せいろうに入あたゝめ置 ならちやの上に懸出し候也 又黒大豆入時は黒大豆の比ににて置 ならちや出し候少し前に 入置て出し申候[*5]

とあり、作り方が変わっている。奈良茶には小豆を入れるものだとして、小豆と茶を別々に煎じて、その煮汁を等分に合わせ、米一升に対して煮汁は五升ほどで、「湯取り飯」のように煮るという。

＊4 煎じ茶の中に奈良茶が分類されていることに関連すると思われることは、奈良県で西吉野村などで茶粥のことをセンチャ（煎茶）と呼ぶことである。茶粥を炊くことを「センチャふくふく」と表現する歌（二二四頁参照）が西吉野村に伝わり、茶を煎じて米や豆を入れたものが、煎茶と認識されていたらしいことが分かる。

＊5 松下幸子他「古典料理の研究（二）―料理塩梅集について―」『千葉大学教育学部研究紀要 第二部』二五巻・一九七六。

湯取り飯とは、先の『本朝食鑑』の説明によれば、釜に水を多めに入れて煮えるとザルなどに取り出して湯汁を捨て、ザルで覆って蒸らすのが「湯取り」で、水を少なめに入れて、湯汁を取らずに「炊き干し飯」にするのが「焼乾《たきほし》」である。現代では、炊飯釜の内側の目盛りに従って、水を入れたらそれで炊けるが、湯取りは米の様子を実際に目で見ながら炊く方法であり、「赤子泣いても蓋取るな」という言葉以前の炊き方である。湯取り飯は、炊いた湯から分離するので、味わい薄く軟らかいので年寄りや病人向きで、炊き干し飯は味わい厚く強いので壮健な人向きだとする。

『料理物語』の寛永一三年手稿本では「煎じ茶の類部」に含まれていたが、寛永二〇年版刊本では「茶之部」に入っている。二五年後の『料理塩梅集』では冒頭に「飯部」が置かれているがここではなく、中頃の「後段部 麺類」の中の麺類の次に「奈良茶」が位置しており、「湯取りめしのごとく煮る」と説明されている。扱い方の違いは、奈良茶が「後段」の食べ物として軽い食べ物の分類へと動いたことを示している。それは中身の変化に対応したものではないかと思われる。「煎じ茶」の場合の「煎じる」は、本来対象となる材料中の養分を液体の中に侵出させるように煮出すことで、煮出した液体こそが求める物だった。[*6]

＊6 余田弘美「近世料理書におけるセンジルについて―『料理物語』を資料として―」『西山学苑研究紀要』三、京都西山短期大学・二〇〇八。

「茶尽くし」の奈良茶

さらに二九年後の元禄一〇年（一六九七）には、人見必大《ひとみひつだい》（一六四二頃～一七〇二）の手になる『本朝食鑑』が刊行されている。これは料理書というより本草学《ほんぞう》の書であるが、この書においては「飯」の部に、菜飯、赤小豆飯、枸杞《くこ》の葉飯、奈良茶飯、鶏飯、荷葉《はすのは》飯という順番の中に「奈良茶飯」が掲載されている。明らかに「飯」として認知されていることが分かる。

奈良茶飯は、もと南都東大・洪福、両寺の僧舎製する所を、今四方上下倶にこれを嗜む。其の法、先好き茶を煎じ、初煎、再煎を取る。其初のは濃く、再は淡《うす》し。故に、再煎淡き者を用て、塩少しばかりを和し、米を煮て飯と作し、炒大豆、炒黒豆、赤小豆、焼栗等の物を合するも、また好し。飯熟して後、別に初煎濃き者に浸して、これを食う。能く感冒、頭痛、気鬱等の症を治す。

これまでの料理書で「奈良茶」と書かれていたが、「奈良茶飯」に表現が変化しているのが注目される。茶を主体とした飲み物であったものが飯に変化している。好い茶をまず煎じて、二煎目の淡い茶に塩を入れて、炒大豆などとともに炊いた後に、取りのけておいた初煎の濃い茶をかけて食べるのだという。

つまり、一旦茶汁で米を炊いて、米に茶の味を付けて茶飯にし、さらに炊いた茶飯に、濃茶をかけて食べるというのである。薄い茶で炊いた飯に濃い茶をかけて食べるという、いわば二段構えの「茶尽くし」で食べる料理になっている。それは茶の成分をたっぷり体内に取り入れようとする意図からか、また茶の風味を十分に楽しもうとする趣向からか、いずれにせよ、この二段構えの「奈良茶飯」の製法と食べ方、つまり茶飯として食べてもいいし、茶漬としても食べられるというところから、奈良茶漬という言葉も出てきた。この辺りに、茶粥は茶飯だとか茶漬とする解説がでてくることになる。

醬油飯としての奈良茶飯

『料理献立早仕組』は、安永二年(一七七三)に刊行された『料理伊呂波庖丁』の改題本であるが、冒頭の「飯之部」に「焚干飯」「湯取飯」「麦飯」とあり、次に「奈良茶飯」「茶飯」がある。

奈良茶飯　いかにもよきせんじ茶をとくとせんじて、飯の水かげんにして焚くこと世に知れるごとくなれども、塩にて味を付たるハ悪し、たとえバ壱升の飯なれバ中盒に醬油一はい酒一杯入て焚べし風味格外なり

茶飯　常の焚干食をさら〱とたきて 釜より少しづつうつしながら挽茶をむらなくふるべし あまり多きハあしく汁ハうすしやうゆ塩梅あるべし

江戸中期、一八世紀終わり頃になると、これまでの奈良茶・奈良茶飯が茶と塩で味付けをしてきたことを「悪し」とし、酒と醬油で味付けをするように変化する。味付けが茶から醬油へ変わってしまったのだ。しかし、見た目にはあまり変わらなかっただろう。この背景には関東地方における醸造業の発展があると思われる。江戸時代、享保頃までは醬油は大坂から大量に回送されていたが、江戸中期頃には、江戸の他、現在の千葉・埼玉・茨城・神奈川でも醬油生産が行われ、江戸関東好みに改良されていく。この新しい調味料が奈良茶飯の味を変えていった。

明治の奈良茶飯

この傾向は明治になっても引き継がれたようで、

奈良茶飯　煎茶をよく煮出し、其汁を以て常の飯の水加減にして炊くへし、米壱升に 茶拾匁とし、之に醬油五勺酒五勺程を合せたる亦宜し[*7]

『守貞謾稿』に描かれた茶飯売り

『江戸見西行』に描かれた茶飯売り

とある。奈良茶飯が醤油飯となっているわけであるが、醤油や酒を加えて炊いた飯は、黄枯茶《きがらちゃ》色をしているというので、キガラチャ・キガラチャメシ（黄枯茶・黄枯茶飯）と呼ばれたり、単に茶飯、また桜茶飯とも呼んだという。[*8]

こうした茶飯は一般にも普及し、「今日はおでんを炊いたので、茶飯にしよう」と「おでんに茶飯」とセットで意識されたり、また辻売りの茶飯は餡かけ豆腐とセットで売られた。こうした茶飯はしっかりとした醤油ご飯であったので、汁気のあるおでんや餡かけ豆腐とセットにして好まれたのだろう。

飲む茶から食べる茶へ

「奈良茶」という物が、茶を主体にして豆や穀類なども加えてこれも煎じて、多少腹持ちのいいように変化しても、基本は煎じた茶のエキスを飲む要素が強いものであったことが分かる。それを茶粥の原形態とすれば、水分が次第になくなれば、茶飯となる。

（一）茶を煮出した液体を飲む段階から、（二）穀類をも一緒に煮出して飲む物へ、（三）さらに煎じた茶汁と米や豆類とを一緒に炊いて茶飯として食べる物へと変化していく過程で、（二）から（三）への展開が『料理物語』（一六四三）から『料理塩梅集』（一六六八）へかけての時期、つまり一七世紀半ば頃に、飲む茶から食べ

＊7　博文館編集局編『伝家宝典　明治節用大全』博文館・一八九四。

＊8　民俗音楽研究家の樋口昭は明治三七年生まれの母親樋口富貴子（横浜市菊名出身）が、キガラチャを炊いていたのを覚えている。

大晦日の夜更けに掛け取りの男に茶飯を差し出す茶飯屋（『風俗画報』第六三号・一八九三）

る茶へ展開したことが、これらの料理書を比べることから見えてくる。

その過程は「後段《ごだん》」（あとの段、飯の後にさらに他の食べ物を出してもてなすこと）という言葉が示しているように、茶事などが関わっているのではないかと思われる。

「奈良茶」という言葉は、『松屋会記《まつやかいき》』という茶会記に初めて登場する。東大寺転害門《てがいもん》の近くに住んでいた塗師松屋は茶の湯の名家で、天文二年（一五三三）から、約一二〇年間の地元奈良や京都・堺などで開かれた茶会の記録『松屋会記』を書き残している。茶の湯の研究にとって重要なその記録の中で寛永一一年一二月二三日の晩に開かれた茶会で、「茶飯」が出ている。「後段 茶飯 イモ カフラ入汁 カキクヽタチ」などとある。

また翌年寛永一二年四月一〇日の晩に、京都三条上ル丸太町で行われた茶会では同じく「後ニ」として「ナラ茶」や色々な肴が出て、囃子や曲舞《くせまい》などの芸能も演じられたとある。また京都相国寺《しょうこくじ》の鳳林和尚《ほうりんおしょう》の記した日記の承応三年（一六五四）一二月一八日の条に「奈良茶」の言葉が見える。「入風呂也、後段者溶後、催奈良茶也」とあり、蒸風呂に入った後、一同で奈良茶を飲んでくつろいだのだろう。

江戸で奈良茶、奈良茶飯が流行する前の一七世紀前半には、「ナラ茶」や「茶飯」が軽い饗応の食として出され、さらに茶飯とは異なる物として「ナラ茶」が

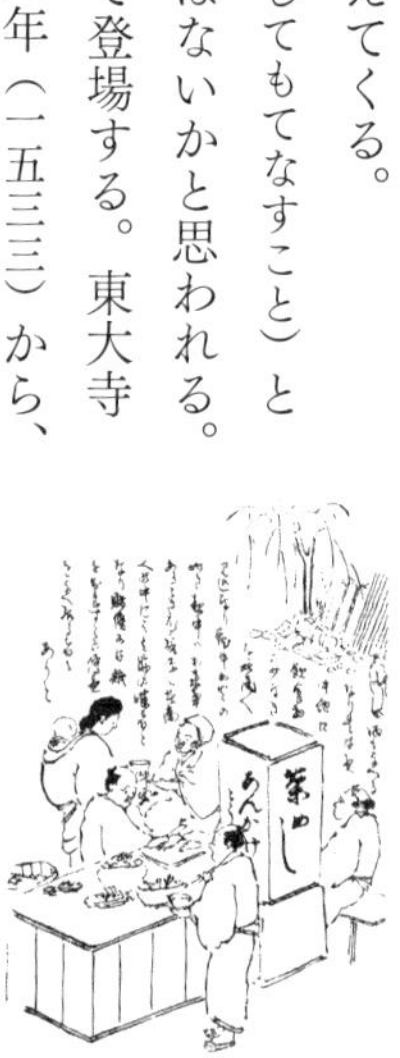

長谷川渓石『江戸東京実見画録』に描かれた茶飯売り

食べられていた。これまで見てきたことから推測されるように「ナラ茶」はただの抹茶ではなく、穀類や豆類の入った飲む茶だったのではないだろうか。江戸時代の初めに料理書に奈良茶や奈良茶飯が記される以前から「奈良茶」はおそらく飲む新しい茶として登場していたことが分かる。

三　東大寺の茶粥

ゲチャとゴボ

料理書を時代別に眺めながら、奈良茶が奈良茶飯になり、その内容が次第に変化していく姿を見たが、その変化の背景を具体的に示すと思われる食べ物がある。『本朝食鑑』は「奈良茶飯は、もと南都東大寺と興福寺の僧房で作っていたもの」としていたが、その見本といえるものが、東大寺の「お水取り」の茶粥である。練《れん》行衆《ぎょうしゅう》がその日の行を終えて食べる夜食として最近しだいに知られるようになってきた。

二月堂修二会《しゅにえ》は、毎年三月一日から一四日まで二七日《にしちにち》の行で、練行衆一一人によって修される。この法会《ほうえ》の最中、正式の食事は、一日一度正午から食堂《じきどう》で作法に則って行われるものだけである。日中・日没《にちもつ》・初夜・半夜・後夜・晨朝《じんじょう》と日に

東大寺の茶粥。右はタクワン、梅干、昆布の佃煮などのキリアテ

六回行われる六時の行法が終わり、参籠宿所《さんろうしゅくしょ》に下るのは、午前一時前（遅い時は午前四時前後）となる。その間一二時間ほど、灯明の油の匂いと煤《すす》が立ちこめる暗い堂内で、声明《しょうみょう》を唱え、動き回りながら、練行衆は水一滴口にできない。「空腹は耐えられても、喉の渇きを我慢するのは辛い」（守屋弘斎長老談）という。

この茶粥を作るのが、参籠宿所に詰めて練行衆の世話をする童子《どうじ》である。深夜の夜食に備えて、四つに仕切られた参籠宿所のそれぞれに付属する童子部屋の炉で、昼頃から茶を炊き出して準備が始まる。小枝が混じるような安価な番茶を多めにチャンブクロに入れて、驚くことに一〇時間ほども炊くという。炊けば炊くほど茶の渋みが消えて味がまろやかになるという。米四合に水五升ほど（一〇人分）が目安で、鍋は銅製がよいという。洗っておいた米を入れて強火で一気に炊く。炭を立て近寄りにくいほどの強火にして炊くのがいいという。

米が割れてハナが咲くようになれば、味噌濾しで米粒を半分ほど掬い上げて、お櫃に入れて保温しておく。掬い上げた方をゲチャ（揚げ茶の略という）と言い、鍋に残った茶粥をゴボ（ゴボウ、ゴボッ）と言う。ゴボには塩味を付ける。食べる時には、この保温したゲチャに熱いゴボをかけて食べる。梅干しやコウコ（香の物）などのキリアテを副食とする。掬い上げる量を変えることで食感が変わる。老僧はゴボを好み、若い僧はゲチャだけを食べてもよい。餅を焼いてゴボをかけてもよい。ゴボとゲチャを食べて、渇きを癒し、行で冷えた身体を芯から暖めて、練行衆は明日に備えてすぐに床に着くという。日々異なる下堂時間を考慮して、毎夜最上のゴボとゲチャを出そうと童子たちは心を配っている。[*9]

この東大寺の練行衆が食べるゴボは水気の多い茶粥である。ゲチャは揚げ茶、つまり炊いた茶粥から米のみザルで濾し取ったものである。ゲチャにゴボをかけて食べるというのは、茶飯に茶粥をかけて食べるということで、勿論茶飯だけを食べることもできる。

「奈良茶」という言葉が、茶粥を意味したり、茶飯を意味したりしているため、その用例が混乱している。[*10] この修二会のゴボとゲチャのことを考えると茶飯も茶粥も出は同じであることが分かる。茶で米を炊いて、米が炊けた頃にザルで濾せばそれが茶飯で、残った物が茶粥となる。懐石料理店「辻留《つじとめ》」を開いていた辻嘉一は、「『あげ茶』これは東大寺の例の修二会のこもりの僧が食べるやつで、とてもよろしい。前記の如く粥茶を煮て、ザルのうえにぶちまけて、汁をはなして了い、これを椀にいれて、いい茶で、茶づけにするのです。もったいないことしよるのですが、うまいです。[*11]」と語っている。

ゲチャにさらに別の茶をかけて茶漬にすることもできるのである。このお水取

*9　この茶粥の作り方は、童子役を長年勤めた野村輝男さんの教示。また朝日カルチャーセンターの資料として作られた岸根一正「東大寺二月堂の修二会の茶がゆ『ごぼう』について」がある（口絵四頁参照）。

*10　自分たちが食べている物を、自ら「奈良茶」と呼ぶことは考えにくいが、江戸期に奈良茶飯が流行して、それが奈良にも及び、その言葉を茶粥に用いることはあり得ることだろう。

*11　辻嘉一『御飯の本』婦人画報社・一九六〇。

りの茶粥は、長い間に寺ばかりではなく、周囲にも浸透したようである。茶粥のバリエーションは、さらに詳しい調査が必要であるが、長い時間炊き出す茶粥の製法も、時に聞くことがある。また茶粥を汲む竹製の杓をコボンシャクとかコボジャクというのも、ゴボと関係がありそうに思われる。筆者は朝日カルチャーセンターの特別講座で、このお水取りの夜食の茶粥を初めて食べたが、これまでに味わったことのない風雅でさらりとした味わいであった。

茶を長時間煎じて得た茶汁で米を炊き、それをゴボとゲチャという粥状のものと粒状のものに振り分け、またこの二種を組み合わせたり、別々に食べるという巧妙かつ不思議な食べ方を、東大寺はこの寺の年間の最大の法会で保ち続けてきた。茶を煎じて飲むという本来の習慣を保ちながら、深夜に食べてすぐ睡眠するためには消化のよいものとして米だけが選び取られ、現在のゴボとゲチャになったのだろう。このゴボとゲチャは、そこから新しい茶飯という物を生み出す直前の状態を示していると考えられる。同時に東大寺の茶粥の炊き方は、近世の料理書が伝える飯の炊き方「湯取り」の方法と関係する。

炊き上がったところで、余分な湯を捨てて蒸らすという方法は、かつて民間でも行われていた。葬式などの共同飲食のために、多くのご飯を炊く時などにこの方法が用いられる。奈良県西部の広陵町《こうりょうちょう》などでは、一斗用の鋳物製の大鍋を集落で所有し、この鍋をソーレン（葬礼）鍋と呼んで、これでご飯を炊き、煮上がった頃に余分の湯を捨てて、蒸らすという。こうした湯取りの方法による飯の炊き方が、寺院や村落で伝えられていたことになる。茶粥にも茶飯にもなる湯取りの方式の炊き方の一部が、関東に伝えられのではないかと思われる。その時期や人物は不明であるが、奈良で茶で炊いた粥が広く食べられていることは知られていたのだろう。上方の中でも奈良の古社寺を中心とした文化と「茶」という飲み物が持つ憧れめいた雰囲気も、江戸で話題となり流行する大きな要素であったと思われる。

コラム

中曽司のヒキチャ（挽き茶）

　奈良盆地中央部の橿原市中曽司《なかぞし》の集落では、家の屋敷やあぜ道に茶の木を栽培していた。この茶を自家製茶して茶臼で挽き、塩を加えて茶筅で泡立て、これにキリコ（かき餅をサイの目に切ったもの）を浮かべる。これをヒキチャ（挽き茶）と呼ぶ。野菜の煮物などのチャノコ（茶の子）を添え、常時また時期を決めて行われる大きな集まりの際に飲んでいた。ヒキチャは周囲の集落にはなく、また中曽司では昔から茶粥は食べないという。

　今では市販の抹茶やキリコを使って行い、家を替えながら大勢で訪問し合うことはなくなったが、かつてこの習慣が盛んだった頃には、「何処へやるかて、中曽司やるな、お茶の茶の子に嫁そしる、嫁はそしるけど、年がよりたら、楽なこと。」（崎山卯左衛門『中和郷土資料』）という言いならわしもあったそうだ。

　泡立てて、食べる茶と飲む茶の中間的な利用法は、日本各地で行われ「振り茶」と総称される。新潟県から富山県にかけてはバタバタ茶、島根県出雲地方ではボテボテ茶、沖縄県那覇市ではブクブク茶と呼ばれる。那覇市では炒り米と茶を一緒に煮出すが、上流階級が住んだ首里《しゅり》では行わず、庶民の軽食という位置付けだった。民俗研究家漆間元三は、茶道ではなく、長年庶民の間に根付いていた飲茶習俗で、薬効のある煎じ物を泡立てることで、より効用を倍加させようとしたのではないかとしている（『振り茶の習俗』、『続振り茶の習俗』）。また茶業史研究家寺田孝重は、「現在の日本在来の茶の利用方法は、『抹茶』と『煎茶』であると思われているが、各地にはさまざまな製茶法と利用法が残っている。これらすべてを満足させなければ、『日本茶業史』は完成されない」として、こうした茶の習俗の重要性を指摘している。（「茶の利用の原点を探る―橿原市中曽司に残る「挽茶」の世界―」『なら民俗通信』一二三・一二四、奈良新聞、二〇〇四）

第八章

奈良茶碗

一　蓋付き飯茶碗

有田皿山の奈良茶碗

象徴派詩人として知られる蒲原有明《かんばらありあけ》（一八七五〜一九五二）は、佐賀藩士の子として東京に生まれた。病が癒えたばかりの有明は、明治四一年（一九〇八）三月、妻の実家を訪れる旅の一日、有田皿山《ありたさらやま》を訪れて一編の詩を詠んでいる。

有田皿山にて

真昼時《まひるどき》。日は照り盛《さか》る
南国《なんごく》の磁器《じき》の町《まち》なか。
一人《ひとり》行く旅の物憂《ものう》く、
精魂《せいこん》も竭《つ》きぬる熱さ。
煤《すす》ばめる窓をあふげば
工女《こうぢょ》にや、差出《さしいだ》す暗き顔《かほ》ばせ。
その目《まみ》ののをののける見て、
堪《た》ふまじく哀《あは》れと思ふに、

気も失《う》せて弛《たゆ》く響くは、
礦《いし》を舂《つ》く碓《うす》のからくり。
時を隔《お》き、また時を隔《お》き、
川中《かはなか》に、ことりと音《おと》す。

なほ行けば通《とほ》りすがりの
旅人《たびびと》の目《め》をも奪《うば》ふと、
隣《とな》り合ふ店棚《みせだな》のうち、
さまざまの器《うつは》の形《かたち》、
うづくまり、或《ある》はたひらに、
数《かず》そろへ、頭《かしら》ならべつ。
奈良茶碗《ならちゃわん》堆《うづたか》く、
鉢《はち》、小壺《こつぼ》、犇《ひし》めけるそが中に
花瓶《はながめ》は驕《おご》り艶《つや》めき、
酒坏《さかづき》はつつましく笑《ゑ》み、
おのがじし適《かな》へる姿《すがた》、
白玉《はくぎょく》の磁器《じき》の膚《はだへ》に

有田陶磁美術館。左下の壁面に蒲原有明の詩碑がある

染《し》み匂ひ、物やおもふ、——
丹《に》の色の歓楽《くわんらく》の夢、
哀愁《あいしう》の呉須《ごす》の唐草《からくさ》。
静《しづ》もれるその命《いのち》をば
愛《め》でつつも、われや感《かま》けし、
いつしかに、胸にも迫《せま》る
寂《さび》しさの払ひがたなき。

日盛《ひざか》りの南国の町
斎《い》み籠るけはひも著《し》るく、
蛭子《えびす》神彫《ゑ》りて立てたる
標石《しるしいし》、ただ黙然《もくねん》として、
人気《ひとげ》なき衢《ちまた》をば往《ゆ》きつ還《もど》りつ、
玄鳥《つばくらめ》しきりに飛びぬ。*1

有明は発表後も詩に何度も手を加え、初めは「呉須のにおひ」として作られたが、後に改作されて、うず高く積まれた奈良茶碗や小鉢なども登場するようにな

＊1　『定本蒲原有明全詩集』河出書房・一九五七。

った。その中に華やかな花瓶や落ち着いた染付《そめつけ》の器をはめ込み、それぞれがまるで人間のように息づかいを感じさせる。これらの器が人々と織りなす歓楽や哀愁のことに思いを寄せると、日盛りの南国の町の日中でありながら、なぜか寂しい思いが湧き出て払いがたい。有田皿山での人々の絶え間ない器作りの営みとそこから生まれた作品が、これから辿るさまざまなドラマの予兆を漂わせる詩篇となっている。その一連の詩の中で当時、奈良茶碗が盛んに作られていた状況があざやかに描かれている。人間と陶磁器の繰り広げる関係を有明の詩は象徴的に示している。

蓋付き飯茶碗

私たちがご飯を食べる時に手にする茶碗。ご飯を盛るのになぜ茶を飲む碗、つまり「茶碗」と呼ぶのだろうか。茶碗は、もとは文字通り茶を飲むためのものだった。江戸時代中頃以降、それまでは木や漆の椀でご飯を食べていたのが、陶磁器でこれを模倣した飯茶碗が用いられるようになる。初めは大名や貴族層が使い出し、地方や庶民まで陶磁器を用いるようになるのは明治以降だといわれる。その茶碗の中で、蓋付きの飯茶碗は俗に「奈良茶碗」と呼ばれている。

古代の都であった奈良は、中世に社寺を中心にさらに発達し、その需要に応えてさまざまな物が生産されてきた。ちなみに『日本国語大辞典』を繰っただけでも、奈良墨（奈良油煙）・奈良紙・奈良暦・奈良刀・奈良晒・奈良苧・奈良蚊帳・奈良足袋・奈良人形（奈良一刀彫）・奈良金剛（奈良草履）・奈良団扇・奈良酒（奈良諸白）・奈良漬・奈良素麺・奈良饅頭・奈良火鉢・奈良風炉などがたちどころに出てくる。ところがそうした奈良における「もの作り」の流れの中で、「奈良茶碗」は特異な存在である。「奈良茶碗」は、地元で作られた物ではなく、九州有田や美濃などで作られていた。

奈良茶碗の特異性

奈良茶碗は、磁器製の蓋付き飯茶碗であるが、様式の明確な定義はない。碗の形式としては丸くふくらんだ丸形碗、高台が大きく直線的に開いた広東《かんとん》碗、口縁部が外に反った端反《はぞり》碗などがあり、染付や色絵があり、文様も花文・瑞祥文・嘉字文などさまざまなものが描かれている。飯茶碗は本来、丸形が基本であるが、会席用の食器として他の向付や皿とのバランスのために朝顔型の茶碗なども生まれて流行した。

奈良茶碗は、「奈良茶飯」を食べるためとも、「奈良茶粥」を食べるものとも言われてきた。わが国の代表的な国語辞書『広辞苑』でも、なぜか奈良茶碗を「奈良茶粥を盛るのに用いたことから」（第六版）としているが、『日本国語大辞典』は「（奈良茶飯に用いたところからいう）蓋つきの飯茶碗」と正しく解説している。

蓋付き飯茶碗で茶粥を食べてはいけないことはないが、茶粥を食べた経験のある者であれば、できたての熱いものを吹いて冷ましながら、すすって食べるのがおいしいとされる茶粥を、わざわざ蓋をして食前に供することは、少なくとも一般家庭の普段の暮らしでは考えることができない。また儀礼の場、ハレの場で、茶粥をすることも考えにくいことである。その上、江戸を始め関東では、茶粥が流行した形跡はない。この蓋付き飯茶碗、いわゆる奈良茶碗は、やはり茶飯または茶漬用と考えられる。磁器製の飯茶碗であるので、まず料理屋などの需要で作られ、さらに各地の上層町民に広がったハレの食器と考えられる。

奈良茶飯は既に述べたように、江戸で明暦の大火（一六五七年）後に、浅草寺金龍山（待乳山）門前で始まった。茶飯に豆腐汁や煮豆などを添えて出した一膳飯だったが、流行につれて料理屋の看板メニューにもなり、さらに高級料亭でも出される名物料理となった。また一方で庶民化もして、行商や辻売りの茶飯売りも多く見られるようになった。辻売りなどが増え、防火のため寛文元年（一六六一）には茶屋・煮売屋・振り売りの夜間営業を禁止するなど、以後たびたび夜間営業の禁止の触が出ている。この辻売りはかなり市井で行われていたようで、いくつも絵図がありその様態が確認できる。辻売りでは蓋付き茶碗は用いられていたようには見えない。

奈良茶碗という呼称の特異性は、磁器ではあるが独自の様式からくる呼称ではなく、また生産地による名前でもないということである。奈良茶飯という一七世紀半ば以降に江戸で出現した食べ物の器、つまり用途から生まれた呼称であるといえる。

二　奈良茶碗の生産

生産の背景

こうした奈良茶飯の流行を背景として、江戸での需要のため新しい食器として九州などの産地で注文生産が始められたものと思われる。一七世紀になって九州有田で磁器が生産されるようになっても、大半の日本人の食器は木器だった。一八世紀になって奈良茶碗に代表される蓋付き飯茶碗が作られるようになり、さらに「くらわんか碗」と呼ばれる安価な磁器が流通するようになり、次第に磁器が飯碗として出回るようになる。

しかし佐賀藩では、磁器がかなり普及してからも、磁器で食事を摂ると運が逃げるとして木椀を用いる所があったという。[*2]木椀を使い慣れた人々には、磁器は硬質で美しいものの、冷ややかさをも感じたのだろう。さらに文化元年（一八〇四）には、大坂の陶器商の西川屋茂平が、美濃の多治見《たじみ》に奈良茶碗を持ち込んで、これを見本として奈良茶碗を作らせたといわれており、九州以外でも奈良茶碗は作られるようになる。

奈良茶飯が生まれた待乳山でも、『江戸鹿子』（貞享四年・一六八七）の「瀬戸物屋」の項を見ると「浅草まつち山　此所ニ而金龍山茶碗焼之」とある。この頃に瀬戸物で「金龍山茶碗」が焼かれていたことが分かる。この「金龍山茶碗」とされるものは筆者はいまだ未見であるが、おそらくこれも奈良茶碗のような蓋付き飯茶碗の類いではなかったかと思われる。

この種の蓋付き飯茶碗は、一般家庭用に生産されたとは思えず、高まる外食産業側の需要または、その流行から刺激を受けて儀式的な場合に、上層民の間で使用され始めたものではないかと思われる。おそらく初めから「奈良茶碗」として注文と生産が行われ、「奈良茶碗」として出荷された物が奈良茶碗で、江戸を始め都市部を中心とした需要により、奈良茶碗として出荷された磁器製の蓋付き飯茶碗と考えた方が実情に合っているように思われる。

＊2　有田町歴史民俗資料館編『おんなの有田皿山さんぽ史』一九九八。

さまざまな奈良茶碗（奈良県立民俗博物館蔵）

奈良茶碗（牡丹・豊田家）

奈良茶碗（鬼面・豊田家）

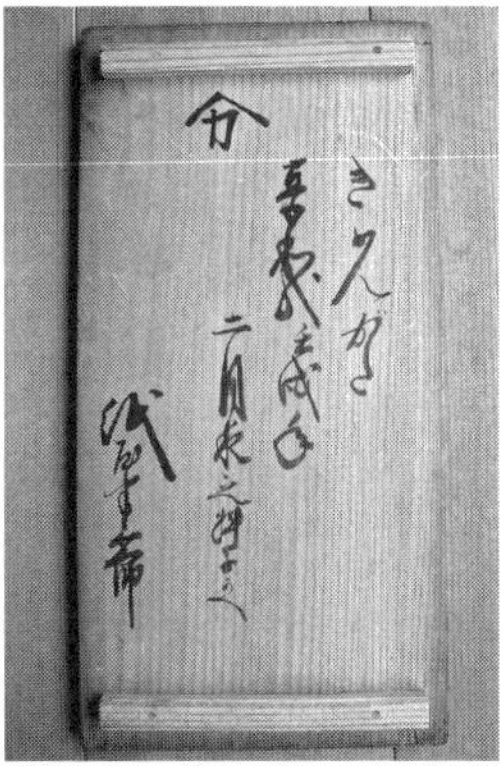

奈良茶碗蓋裏書（鬼面・豊田家）

奈良茶碗の普及

奈良茶碗の研究はまだほとんど行われていない。生産者側からは、「奈良茶碗」として注文を受け、製作指示をし、出来上がった製品を出荷する台帳などから、次第に生産と流通の実態が明らかになるものと思われる。また販売者、使用者、コレクターなどの受容者側の資料や近世磁器の出土資料などの考古学的な情報の蓄積と分析も必要となる。その一環として、奈良茶碗とされて一式が納められている箱書きの資料も検討する必要があり、購入年代を示すこれらの墨書から、奈良茶碗の流通と様式を推定していくしかないように思われる。現地の製作記録や所蔵先の資料を蓄積する必要があるが、美術品扱いではなく自家用として愛好される傾向があるので、データの蓄積も難しい面がある。

管見の限りでは、「寛延二年（一七四九）なら茶わん」他の墨書の残る奈良茶碗の木箱があることや、[*3]『北越雪譜《ほくえつせっぷ》』の著者、越後の鈴木牧之《すずきぼくし》が、文政一一年（一八二八）九月に新潟と長野の境の秋山郷を探訪した折、昼食を摂ろうとして「茲に中食を遣ハんと、大小の栗毛（刳笥）を取出し、奈良茶碗を乞ふに、棚元の辺りしばしうろ〱して見へしが、又、茶碗を取り出すにぞ、焼飯を幾度かに少さに割りて茶漬飯にして喰へ（ひ）侍りぬ」とか、また絵を描こうとして「奈良茶碗の蓋でも二ツ三ツ借し玉へ」[*4]と求めていることなどから、一九世紀初めには、秋

＊3　料治熊太『めし茶碗愛好』光芸出版・一九七五。

＊4　鈴木牧之「秋山記行」『鈴木牧之全集 上巻』中央公論社・一九八三。

山郷のような山間でも奈良茶碗があるはずと越後の商人が尋ねるほど、奈良茶碗は普及していたと推測される。

大和の奈良茶碗

奈良県南部の五條市新町は、大和の戦国武将松倉重政《まつくらしげまさ》が江戸時代初期に、和歌山と伊勢を結ぶ街道沿いに、新たに二見《ふたみ》藩の城下町として開いた所である。松倉重政が肥前・島原藩に移ってからも、大和南部の天領支配の中心地として五條代官所が置かれ、平成二二年（二〇一〇）には重要伝統的建造物群保存地区に指定されている。その一郭の柏田家には、多数の古文書があることで知られていたが、奈良茶碗があることが分かり、当主柏田文彦さんにその一部を見せていただいたことがある。

また同じく重要伝統的建造物群保存地区に指定されている橿原市今井町の豊田本家にも奈良茶碗が残っていた（二二三頁図版参照）。こちらは端反型の牡丹文の絵付けや鬼面の染付の茶碗が残されていた。鬼面型の染付を入れた木箱の蓋表には、「ホ印 弐拾人前之内 鬼面形奈良茶碗 拾人前 西豊田」とあり、蓋裏には「きめんかた 享和弐壬戌年 二月求之料子かへ 紙屋半三郎」、また本体には「新渡 飯茶碗 鬼面奈良茶碗 二十人前之内」の墨書が見られた。江戸時代以前の物が「古渡」で、江戸以降が「新渡」である。また牡丹文の方は、同じく蓋に「牡丹錦画 茶碗十人前入 弐拾之内」とあり、さらに「牡丹染附 蓋茶碗拾人」とあるものもあった。当主によれば、こうした茶碗は一般には所有することはあまりなかったもので、祝い事などには他家に貸すこともあったという。

茶碗がナラチャ

柳田国男は、言葉から民俗事象を捉えるために、全国の同好者の協力を求めて民俗語彙の収集にも取り組んでいた。『分類農村語彙』や『歳時習俗語彙』などの分類別や地域別に民俗語彙集を刊行したが、「家具の名、二つ三つ」で、飯碗そのものをナラチャワン、ナラチャと呼んでいる地方があることを指摘し、「今日の茶碗も亦その奈良茶碗の略語ではなかったか」としている。[*5]

柳田の言うように、山形県、長野県東筑摩《ひがしちくま》郡、出雲、福岡県企救《きく》郡、佐賀県、大分県国東《くにさき》郡、鹿児島県では、ナラチャが茶碗・飯茶碗を意味し、[*6] また鹿児島県奄美《あまみ》群島の喜界島《きかいじま》阿傳《あでん》でも、ナラチャ、ナナチャといえば、蓋の付いた瀬戸物碗で、盆の吸い物をこれで供えるという。[*7] また、夏目漱石の門下生であった野村伝《のむらでん》四《し》が著した『大隅肝属《おおすみきもつき》郡方言集』[*8] の中の「食物に関するもの」には、茶を飲む碗は「チャヂャワン」といい、飯茶碗は「ナラチャ」というとある。

*5 柳田国男「家具の名、二つ三つ」『柳田国男集』第一八巻・筑摩書房・一九六三。

*6 『日本国語大辞典』小学館・一九七五の「奈良茶」の項。

*7 柳田国男監修・民俗学研究所編『改訂 綜合日本民俗語彙』平凡社・一九五五。

*8 柳田国男編・野村伝四著『大隅肝属郡方言集』中央公論社・一九四二。

コラム

【コレクターの奈良茶碗】

長年、奈良茶碗を収集してきた人に楠田三郎さんという人がいる。奈良出身で大阪で暮らしていたが、昭和二〇年の空襲で焼け出され、戦後奈良に帰ってきた。昭和二六年頃、壺の収集家で「壺法師」というあだ名のあった東大寺観音院住職の上司海雲《かみつかさかいうん》師と知り合い、道具類などを持ち寄って交換する集まり「我楽苦多《がらくた》会」に参加するようになった。ある時、広津和郎が伊万里の広東型蓋付き飯茶碗五客を出品した。周囲から「奈良茶碗」だと言う声がした。高台が大きく座りがいいので気に入って是非手に入れたいと思ったが、上司海雲、吉村正一郎と三人が希望したので、結局分け合った。それで喜んでご飯を食べていたが、この茶碗がもっと欲しくなり、奈良の骨董屋さんから出物を買い足してきた。旅先でも必ず道具屋を覗いているうちに数が増えてしまったという。物を蒐めるということは、好きになること、いやそれ以上に惚れてしまうことだと言う。奈良茶碗の収集も一目惚れしたことから始まったと自ら刊行した図録『奈良茶碗』の中の「魅せられて三十年」で述べている。

三〇年ほどかけて収集した奈良茶碗は、その大半（一六〇種一七〇〇個）が愛知県豊田市の豊田市民芸館に寄贈された。昭和六二年には、秋の企画展「奈良茶碗展」が開催されている。地元の奈良県立民俗博物館にも申し出があり、採集地が不明なため、民具としての受け入れは難点があったが、奈良県にとっては意味のあるものと考え、いただくことができた。これを契機にして平成二〇年の夏に「新収蔵品展 奈良茶碗」、同二一年夏には「涼しさを呼ぶ 奈良茶碗ー九州生まれの蓋付き飯茶碗の謎ー」と題して、私が担当して収蔵品展を行った。

楠田三郎『奈良茶碗』私家版 一九九四

終章
スケープゴート　茶粥

長々と茶粥、茶飯、奈良茶碗を追いかけてきた。まだまだ十分ではなく、さらに追求すべきことは残っているが、最後に茶粥が蒙った迷惑な事件を紹介して、一端幕を閉じることにしたい。

奈良県の人は熱い茶粥を食べるから胃がんが多いと聞いたことがある。昭和五〇年代頃であろうか。何かの弾みで出たような、いつ誰から聞いたか覚えていないくらいの会話で、しかも何度も耳にしたことがある。

城下町大和郡山に生まれ、調理専門学校を設立し、奈良県の郷土食発見の先駆者でもある料理家田中敏子は、昭和五一年（一九七六）一月二四日付の朝日新聞に、「奈良県は、昭和二九年度より、奥田知事の提唱で『新生活運動』が進められ、栄養と健康の面から、「茶粥廃止」を取り上げ、また現代人の好みからも「大和の茶がゆ」はいまでは一部の山村を除き常食の習慣が消えてしまいました。」と書いている。

その一二年後、昭和六三年に刊行された『大和の味』（奈良新聞社・一九八八）という著書でも「奈良県は塩分が多くサラサラして熱い『おかいさん』を常食にするから胃潰瘍になり、さらに潰瘍になるので胃がんの死亡率が高い、という医者の説から、昭和二九年に県の新生活運動で『茶粥の廃止』が呼びかけられ、また若い人たちのし好の変化もあって常食は少なくなったが、お年寄りは今でも『おかいさんを食べないと腹具合が悪い』と言って常食にしている。」と繰り返している。一部山村を除き常食の習慣が消えたという表現は、「お年寄りは今でも『おかいさんを食べないと腹具合が悪い』と言って常食にしている。」と現状肯定的になり、その言い回しは微妙に変化している。茶粥が胃がんの原因かどうか、専門家による研究はあったものの、そうだと断定できる結果はでなかったようだった。戦後の新生活運動の中で、行政が音頭取りをしながら茶粥廃止が叫ばれ、その余風を私たちは受けていたのだった。

茶粥が胃がんの原因だという話も聞かなくなって久しい。家庭で茶粥を食べている人口は激減していると思われるが、その一方で茶粥を食べるイベントも時折開催されている。大和の珍しい食べ物として復権しているように思われる。

これを時代を遡って考えてみたい。兵庫県出身で奈良に住んで奈良師範学校の教師を務め、県内の民俗調査を行い多くの記録を残した高田十郎は、大正時代に茶粥の詳細な報告を行ったことは既に記したが、ここで「体育上、教育上久シイ問題ニナッテ居リ、随分ソノ廃止ヲ議スル人モアルガ、ナカナカ理屈ダケデハ動カナイ。」(「大和習俗雑話(其一)」)とした(八四頁参照)。体育上というのは、体格のことを示しているのだろうか。壮丁の体格は直ちに軍人としての素質に結び付く問題であろうから、関係機関からの問題視や要請が教育界にもあったのだろうか。さらに調べてみるべき問題が潜んでいるように思われる。

　昭和七年に宮武正道が奈良の巷間の話を集めたその名も『奈良茶粥』という孔版刷りの小冊子には、「元来、大和から偉人が出ないというが、或いわお粥腹《（ママ）》の加減かも知れない」としている。しかし和歌山でも、伊勢でも茶粥を炊くが、「何と言っても大和の茶粥には及ばない」と誇らしげである。

　奈良出身の小説家上司小剣は、第一章で紹介した「奈良茶粥」という随筆の中で、「二十年も前には、奈良地方の壮丁の体格が、概してわるいとかで、その原因を茶粥に持ち込まれたことがあった。」[*1]と語っている。執筆時期は不明であるが、書き下ろしの文章とすれば、大正時代にすでにそのようなことが言われていたのであろう。

　昭和三六年に出た堀井甚一郎編著の『最新奈良県地誌』でも、「『大和の茶粥』と称し、農家では粥食の習慣が残っている。近畿地方の鈴鹿山脈以西の農村に広く分布している。一般に経済上の習慣からきたといわれているが、衛生上の見地よりも問題とされている」としているが、衛生上の問題とは具体的には述べられていない。[*2]

　長年にわたって、大和の人々の命を繋いできた食べ物が、いつの間にか「体育上」、「教育上」、「衛生上」よくないとされていたのだった。「衛生上」というのは

＊1　上司小剣「奈良茶粥」『生々抄』大東出版社・一九四一。

＊2　堀井甚一郎『最新奈良県地誌』大和史蹟研究会・一九六一。

何のことだろうか。燃料代のことも考慮して一度に炊いて、残った茶粥を食べるからだろうか。また「教育上」よくないとはどのような問題なのか疑問に思っていたが、思わぬ所からその意味が見えてきた。夏目漱石の弟子であった野村伝四が書き残していた。

　野村伝四は鹿児島県出身で東京帝国大学英文科を出て、明治四四年（一九一一）以降、奈良県を含めて国内各地で中学校の教員や校長を歴任した。奈良県では昭和一〇年から桜井高等女学校校長となり、奈良県立図書館長も務めた。学生時代から夏目漱石の門下となり、小説なども書いていたが、柳田国男の影響も受け、赴任地の方言や民俗にも深い関心をもち、昭和一八年には垣内集落をテーマにした『大和の垣内』を刊行している。漱石門下から民俗研究者が生まれていたことは、まだ話題になっていないと思われるが、この書で大和の民俗の特色を指摘しながら、粥食について次のように触れている。

　成長期にある児童生徒には粥だけでは栄養分が不足するし、腹がだぼ〳〵して胃拡張になる虞《おそ》れがあるから、二十数年以前から、教育家の間ではこれが廃止を勧めて居るし、また県衛生課に於ても、大和には精神病者の数が比較的に他府県より多いが、これは常食として粥を用ふるから、自然胃腸の障害

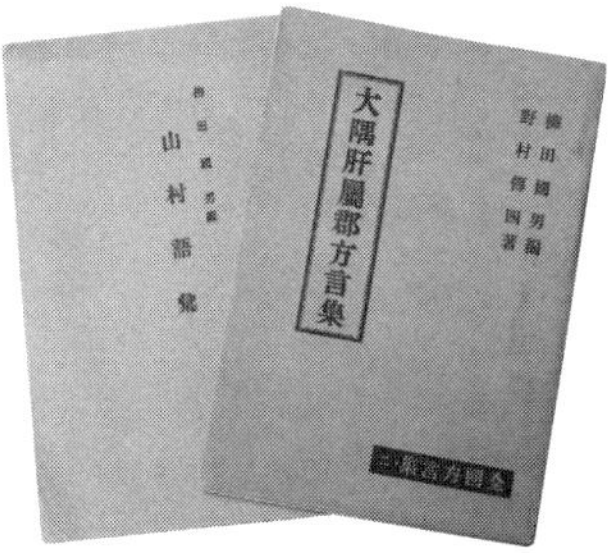

野村伝四著 柳田國男編『大隅肝属郡方言集』と『山村語彙』

を来たし、胃腸の障害が脳の活動にも悪影響を及ぼすところから生ずるのだから、この点からも粥を廃す可きであると報ぜられたこともあるが、一般大和人は古来よりの習慣でもあるし、また粥の醍醐味にも徹して居るのか、現在なほ常食として居る。[*3]

高田十郎が明言しなかった教育上の問題とは、「精神病の数が比較的に他府県より多い」ということだったのだろうか。体格的にも、衛生的にも、そして精神的も、悪いのはすべて、「茶粥」のせいと考えられていた時代があった。「茶粥など食べているから……」と茶粥がスケープゴートにされて、これを撲滅すれば済むと考えられていた時代があったのである。笑って済ますことができる問題ではないはずで、関心を向ける研究者もいるが、[*4] さらに出所や経過を探る必要がある。

人々が、季節に応じて知恵を使い、工夫を重ねながら、家族の命を支えてきた、いわば民俗知の結晶といえる食文化に対して、排斥運動があったのである。伝統の食べ物が、生け贄にされていたことを、県外人の野村伝四はさらりと書き伝えてくれていた。

＊3　野村伝四『大和の垣内』天理時報社・一九四三。

＊4　黒岩康博「ぜんぶ、茶粥のせい」二〇一六年一〇月二二日、天理大学公開講座。

本文脚注の引用文献と重複するが、参考にした食文化全般に関する文献は以下の通りである。

【参考文献】

『日本米食史　附 食米と脚気病との史的関係考』岡崎桂一郎 著　丸山舎書籍部　一九一三（有明書房　一九八九復刊）
『米の文化史』篠田統 著　社会思想社　一九七〇
『日本の食文化―昭和初期・全国食事習俗の記録―』成城大学民俗学研究所 編　岩崎美術舎　一九九〇
『日本の食文化 補遺編 ―昭和初期・全国食事習俗の記録―』成城大学民俗学研究所編　岩崎美術舎　一九九五
『食の昭和文化史』田中宣一・松崎憲三 編著　おうふう　一九九五
『日本の食生活全集』全五〇巻　農山漁村文化協会　一九八五～九二
『茶茶茶』南廣子 著　淡交社　一九九〇
『茶の民俗学』中村羊一郎 著　名著出版　一九九二
『番茶と日本人』中村羊一郎 著　吉川弘文館　一九九八
『江戸のお茶―俳諧 茶の歳時記』山田新市 著　八坂書房　二〇〇七
『川柳江戸名物』西原柳雨 著　春陽堂書店　一九二六
『江戸料理読本』松下幸子著　柴田書店　一九八二（ちくま学芸文庫　二〇一二）
『川柳江戸食物志』佐藤要人 監修・古川柳研究会員　太平書屋　一九八九
『江戸の料理史 料理本と料理文化』原田信男 著　中公新書　一九八九
『江戸の食生活』原田信男 著　岩波現代文庫　二〇〇九（岩波書店　二〇〇三初版）
『飲食事典』本山荻舟 著　平凡社　一九五八
『図説 江戸時代 食生活事典』日本風俗史学会 編　雄山閣　一九九六
『完本日本料理事物起源』川上行蔵 著・小出昌洋 編　岩波書店　二〇〇六
『古事類苑』飲食部　吉川弘文館　一九八四
『日本料理技術選集 料理文献解題』川上行蔵 編著　柴田書店　一九八二

あとがき

大阪で生まれた私にとって、粥といえばこってりと茶碗に盛り上がるような白粥だった。子供の頃、サツマイモが入った粥が食卓に出てくると、米の白さと芋の黄色は目にも美しく、芋の甘みを楽しんで食べていた。

父祖の地奈良県で働くようになり、奈良県教育委員会で無形文化財・民俗文化財などを長年担当してきたが、一九八〇年代半ば頃、調査で出かけた東吉野村で初めて茶粥をご馳走になった。その家に向かう途中から、もう番茶の香りが漂ってきた。米の淡い甘味と番茶の微かな渋味の入り交じった味を自然に受け入れたその感覚を、少し不思議にも思った。

仕事は当初、県内の祭礼や民俗芸能など無形のものを中心に調査・指定・保存の仕事に携わってきたが、その後、民具や建物など有形の物も含めて民俗事象全般に関心を持つようになった。県内各地の食べ物にも、それなりに注意を払ってきたが、次第に食文化について関心が増してきたことが、今回の本につながった。

文化財保護行政の現場で働き始めて二九年経てから、県立民俗博物館に赴任した。「祭りと芸能」や民具を広く現代のモノにまで広げて捉えた「モノまんだら」の企画展などいろいろな活動をした。県内を歩いた経験は博物館活動にずいぶん役立ったが、異動当初、ふと脳裏に浮かんできたのが、茶粥のことだった。そこで茶粥の文献を調べ、聞き取り調査なども行い、成果を少しずつ報告した（「大和の茶粥」（一）（二）（三）『奈良県立民俗博物館だより』九六号・九八号・一〇五号、「チャガイ」「ゴボとゲチャ」「奈良茶碗」『あかい奈良』三〇号・三五号・四一号）。

その過程で茶粥が江戸で奈良茶飯となって大流行し、わが国の外食の始まりとされていることも分かったが、茶粥と奈良茶飯は混同されがちで、どう関わっているのかは分からないままであった。そうした時、東大寺修二会（お水取り）の練行衆の夜食である茶粥の作り方を実際に見ることができた。これは茶粥と茶飯のつながりを考える大きなヒントになった。調べるとさらにいろいろな分野から続々と事例や資料が集まり始めた。この食べ物に対して、人々の関心がいかに高かったか驚くほどだった。民俗食が江戸での流行食となったことで、さまざまな分野でその痕跡が残され、近世の食文化の一翼を担っていた。資料集めはまだ十分ではないが、こうして集まった資料や見聞を生かして、茶粥の実態とその広がり、さらに流行食となる過程を「奈良の茶粥、江戸の奈良茶飯、九州の奈良茶碗」をテーマにまとめたいと思い始め、長い時間がかかったがようやく本書になった。主な論点を示してみると次のようになる。

（一）民俗食としての茶粥は、実にさまざまな様態を示している。土地ごとの材料を用い、階層により作り方や混ぜ物に工夫を凝らして、限られた条件の中で、おいしい茶粥を自前で作ることに心を砕いている。多くの事例をあげることで、その実態が改めて明らかになったと思われる。

（二）茶粥の始まりについて「弥二郎創始説」を掘り起こした。中国唐時代に陸羽が記した『茶経』は、「蜀嫗」が市で「茶粥」を売っていたことを記しているが、それとわが国の茶粥のつながりは不明である。わが国の茶粥の始まりについては、「大仏建立助力説」も「景清転害門潜伏説」も人々の思考の仕方を探る材料とはなるが、その域を超えるものではない。史料的に追求すれば、茶粥は南都小西町の井戸屋弥二郎（弥十郎）という倹約家の町民の発想というのが、現在信憑性の高い説といえる。『物類称呼』（安永四年・一七七五）は「茗茶」（茶粥）に「やじふ」とふりがなを付けている。弥十郎を略して「やじふ」と呼んでいたのだろう。県内で茶粥を「やじう」と呼ぶところは他でもあった。「弥二郎創始説」は一定の広がりがあることが分かる。

(三)江戸の奈良茶飯の発祥の場所は、時代が下ると次第に浅草寺の門前茶屋とされるようになるが、改めて待乳山聖天の麓茶屋であることを確認した。この背景には、待乳山(真土山)聖天と浅草寺の力関係が反映していると思われる。真土山の呼称と風景は、大和と紀伊両国境の真土峠に繋がる可能性があるので、隅田川畔に奈良茶飯が生まれる背景があった。

(四)近世の料理書に見える奈良茶を比較することで、「煎じ茶としての奈良茶」から「奈良茶飯」への変化を探り出した。東大寺のお水取りの際に、夜食として食べられている茶粥は、茶粥としても、茶飯としても、さらに茶飯に茶粥をかけても食べられるもので、茶粥と茶飯の未分化な食べ物ともいえる。特に茶飯に茶粥をかける食べ方は、茶飯に茶をかけて食べる江戸の奈良茶飯と通じるものがある。その背景には、多めに水を入れて飯を炊き、煮上がると余分な湯を捨てて蒸らすという、より古式な「湯取り飯」の炊き方が考えられる。こうした方法は、葬式の際の大量の炊飯方法として、村落などにかつて伝承されていたことも示した。

(五)奈良茶飯の流行は、当時の新しい食器であった磁器を採用して、「奈良茶碗」と呼ばれる蓋付き飯茶碗を生み出した。奈良茶碗の研究はいまだ進んではいないが、その呼称は今のところ一八世紀半ば以降に見られ、一九世紀初めには広く流通していたようである。この奈良茶碗の流通により、東北から九州にかけてナラチャが茶碗や飯茶碗をさす言葉となっていた。

(六)奈良県では茶粥が胃がんの原因とされたことがあり、「体育上」「教育上」「衛生上」ふさわしくない食べ物として、新生活運動で廃止が呼びかけられてきた。奈良県立医科大学によりその実態調査の結果が報告されているが、因果関係はあきらかではなかった(中島節子「奈良県下の茶粥の実態調査」『奈良医学雑誌』三巻四号・一九五二年他)。

本書は、これまでの聞き取り資料などは十分に反映できず、文献資料に多く頼ったものとなった。茶粥の廃止運動の具体的な経緯などとともに今後の課題である。滝沢馬琴が茶飯を食べていたことや池田弥三郎が学生時代にタクシーに乗り合わせて銀座まで茶飯を食べに行ったこと、寺院の法会に残る茶飯のことなど、紹介できなかったことも多い。

数多くの民俗調査の成果をもとに、重厚な著作を陸続と刊行されている野本寛一先生から、奈良の人はジレッタントなところがあると指摘されたことがある。大きな構想でぐいぐい押してゆく仕事を、との叱咤激励と受け止めたが、大阪生まれでありながら大和の気質を受け継いでいるように思う筆者は、今回どこまで茶粥・茶飯という食文化に迫ることができたか、心もとないものがある。多くの話者や先学の方々から学恩を蒙りながら、十分な成果は出し得ていないが、今後さらに少しでも応えたいと念じている。

畏敬する野本先生からの常に変わらぬ励ましを始め、この本が出来上がるまでに多くの方々のお世話になった。茶粥との機縁を作っていただいた東吉野村大豆生の故西上宏先生を始め、ご教示をいただいた守屋弘斎、野村輝男、岡井稲郎・睦夫妻、橋本一弘、喜㝵隆子、戎谷十六代、佐土玲子、表野輝子、奥村彪生、沢井啓祐、藤原友子、尾崎葉子の各氏、また故宮武テラス氏、故植田啓司氏、そのほか多くの方々にもお礼申し上げたい。最後に妻亜希子は、文献資料をともに探すことや写真撮影、校正に至るまで、全般的に協力をしてくれた。執筆が遅れて多大な迷惑をかけた淡交社の皆様、特に編集担当の安井善徳氏にお詫びとお礼を申し上げ、小著を出せたことをともに喜びたい。

二〇二〇年一二月

鹿谷　勲

◆著者略歴

鹿谷　勲（しかたに・いさお）

一九五二年、大阪府生まれ。一九七五年、東京都立大学人文学部史学科卒。奈良県教育委員会文化財保存課専門技術員、県立民俗博物館学芸課長を経て、奈良民俗文化研究所代表。京都橘大学講師（民俗学）、春日若宮おん祭保存会第一事業部会専門委員、大和郡山市文化財保護審議会委員他。

主な著作に、『都道府県別祭礼行事 奈良県』（編著、桜楓社）、『民俗文化財 保護行政の現場から』（編著、岩田書院）、『民俗文化分布圏論』（共著、名著出版）、『芸能と信仰の民族芸術』（共著、和泉書院）、『やまとまつり旅』（やまと崑崙企画）、『奈良民俗紀行』（京阪奈情報教育出版）などがある。

茶粥・茶飯・奈良茶碗　全国に伝播した「奈良茶」の秘密

令和三年二月一一日　初版発行

著　者……………鹿谷 勲
発行者……………納屋 嘉人
発行所……………株式会社淡交社
本　社……………〒六〇三-八五八八　京都市北区堀川通鞍馬口上ル
営業（〇七五）四三二-五一五一
編集（〇七五）四三二-五一六一
支　社……………〒一六二-〇〇六一　東京都新宿区市谷柳町三九-一
営業（〇三）五二六九-七九四一
編集（〇三）五二六九-一六九一
www.tankosha.co.jp
印刷・製本……亜細亜印刷株式会社
デザイン………鷺草デザイン事務所

ISBN978-4-473-04285-9